JN438263

저 들판 너머
흰 강 흐르고

2016 문학위원회 작품집

저 들판 너머
흰 강 흐르고

경기민예총 문학위원회

시와문화

■작품집을 내며

또 다른 촛불을 올리듯

촛불을 들고 한 해의 끝에 선다. 집회의 장을 매주 새로 써온 광장의 행진. 뜨거워서 더 아름답고 평화로워서 더 장엄한 촛불 바다에서 눈물을 훔치며 함께 외쳤다. 바쁜 시민들을 광장에 서게 하고 촛불 들게 한 국정 농단도 유례없는 규모라 더 참담했다. 끝이 어디인지 모를 부정부패의 사슬은 우리 사회의 취약한 틈을 악용한 탐욕의 막장. 구조적 문제라는 점에서는 우리 발밑도 다시 봐야만 할 것 같다.

그런 촛불의 함성 너머 아직도 깊은 바다에 아프게 박혀 우는 세월호가 있다. 우리 가슴에도 기울어진 배의 각도와 아이들의 절규가 퍼렇게 질린 채 걸려 있다. 이번 작품집 특집을 '아, 세월호'로 엮은 것은 그런 까닭이고, 여전히 촛불을 들고 외쳐야 하는 좌절과 자괴의 세월 때문이다. 시와 함께 산문도 당면한 현실에 대한 질문과 진단과 사색의 묵직한 내장으로 궤를 같이하고 있다. 우리가 발 딛고 선 이 세상을 꿰뚫는 시선과 인식과 태도 같은 것들의 문학적 발언이자 실천이라는 점에서 각각의 작품들은 또 다른 촛불이라고 할 수 있을 것이다.

'다사다난' 이상의 놀라운 한 해였다. 무지막지 권력 농단을 향한 분노는 표현의 난장으로 촛불의 명령을 거듭 새로 썼다. "주말엔 쉬고 싶다"는 구호처럼, 촛불의 명령 이행들을 이제는 집에서 보고 싶다. 명예혁명의 축제였지만 찬바람에 맞서 헌신한 촛불들에게도 휴식을 주고 싶다. 기도며 사유며 몽상 같은 내밀한 권역 또한 있으니, 노숙과 구석의 한숨에도 귀 기울여야 하니….

문학위원회 위원장 정수자

|차 례|

■작품집을 내며

■초대시

제1부 근작시

제2부 아, 세월호

제3부 산문

■초대시

겨울 햇빛에 대하여

고 은

겨울 햇빛 너는
흙 속의 씨앗들을 괜히 깨우지 않는다
가만가만
그 씨앗들이 잠든 지붕을 쓰다듬고 간다
이 세상에서 옳다는 것은
그것뿐
겨울 햇빛 너는
지상의 허튼 나뭇가지들의 고귀한 인내를
밤새워 달랠 줄도 모르고
조금 어루만지고 간다
이 세상에서 충만이란 이런 섭섭함인가
겨울 햇빛 너는
아무런 일도 일어나지 않도록

아무런 자취도 남기지 않고 그냥 간다
지식이 무식보다 얼마나 유죄인가
정녕 그렇겠다
겨울 햇빛 너로 하여금
이 세상의 모든 얼간이들이
한동안 싸우지 않고
한동안 피 흘리지 않을 어느 날을 꿈꾸고 온
겨울 햇빛 너는
나를 지우지 않고 내 그림자를 지우고 간다

통곡인들
오열인들
내 절규인들 들어주는 곳 전혀 없다

겨울 햇빛 네가 간 뒤
내 쇄골로 겨울밤을 새운다

제1부

근작시

내상內傷

강 정 숙

차마 읽지 못한 그대 시집 펼쳐 본다

서늘한 목차 하며 혼이 담긴 내편內篇들

만상을 복기해 놓은 지극한 시심을 본다

이제 영영 활자로부터 내쳐졌나 싶은 나

달빛 사위어버린 그믐처럼 수척해진다

또 한 번 내상을 입는다. 너 보낸 뒷날 같다

가정소설 등장인물들

권 오 영

장대비가 쏟아질 때부터였을 거야,
차는 멈춰 섰고
떨어져나간 셔츠 단추를 찾느라
골목길 바닥을 뒤적이는 동안
비는 그쳤고 싸웠던가? 엄마?
내 이름과 주소가
세 번 바뀌었는데 지금,
암기하는 거 하나도 없다
이런 하루 흔해빠졌지,
빨래 헹구듯 탁,탁 흔들어 털어 말리면 감쪽같더라구
뽀송뽀송 뽀얗게
살균 소독된 또 하루가
아무렇지도 않게 새것처럼 굴어
저 너머
죽어 썩으면 흔적도 없을
새처럼
꽝꽝 짖는 개들처럼 똑같은 표정의 날씨

그런데 엄마는 셋, 셋
합이 여섯인 애들을 낳았다고 우기는데
여섯을 세다보면 하얗게 밤이 새는 줄도 모르겠다고 우기는데
지루해, 산과 바다를 아우르더라도 그 되풀이
첫째
둘째
셋넷다섯여섯 세고, 세고, 세기 시작하면 물끄러미
아버지,
무엇을 하는 거지?
무엇을 생각하는 거지?
흔해빠진 애들에게 흥얼흥얼
노래하는 아버지,
한 무리의 군용트럭이 지나갑니다
안테나가 긴 군용 지프차가 그 뒤를 따라갑니다
첫째가 따라 부르고,
둘셋넷다섯
맨 뒤에서
그들을 추월할 엄두조차 못 내는 나는
언제나 시속 이십 킬로에 맞춰져 있어

세금고지서를 받고

권 혁 재

애초부터
평등은 없었는지도 몰라
내가 내는 세금을 기준으로 해도
평등은 이미 깨져 부도난 어음처럼
평등으로서의 의미가 없지
적어도 나는
내가 내는 세금이
가려운 곳을 시원하게 긁어주며
몸이 직접 느낄 수 있게 해주는 게
평등이라고 생각하지
무명의 한갓 소시민이
부자감세라는 용어에서
내가 내는 세금을 기준으로
평등 아닌 평등에서 평등을 재어보지
평등이라고 주장하는 자들은
평등하게 돌아간다고
평등이 아니라고 주장하는 자들은

평등하게 돌아오지 않는다고
평등한 평등을 하소연하지
그래서 처음부터
평등은 없었는지도 몰라
평등 아닌 평등만
평등처럼 평등하지.

구름과 연애하는 기분

권 현 형

잠 속으로 여름비가 들어왔다
하루 종일 텐트 속을 거닐었다
소낙비가 찾아온 해안을 버리고 모두 돌아간 저녁

비로 씻은 낙조를 따라
한없이 낙조를 따라 걸어오는 걸음
구름의 느린 산책을 흉내 내어 구름과 함께 걸었다
한 땀 한 땀 하늘에 박음질되어 있는 구름 모양의 퀼트

흰 구름의 길은 굵고 짧았다
입을 벌리고 팔을 벌리고 걸어갔다
홀딱 반해서 홀딱 반할 만큼 예뻐서
어둠이 조금 묻은 흰색의 스티치는
구름을 앤틱 소품처럼 보이게 했다

오래된 구름은 비싼 대가로 누가 소장하고 있는 것일까
뿌리가 뽑힌 어린 소나무 가지를 들고 와

내게 보여주는 이름 모를 소년에게

다시 땅에 묻어주자고 했다
나무가 자라는 것을 함께 보자고 했다
지킬 수 없는 약속을 했다
구름의 기분으로 구름과 연애하는 기분으로

라

금 은 돌

해발고도가 높아질수록 고막은 바늘에 찔린다
모든 일이 일어났지만 아무것도 기억하지 못한다

의자를 향해 걸어가듯이,
사랑

겹쳐진 스푼처럼

라–

포크에 찔린 팬케이크처럼

라–

해안선의 파도가 입술 안에 넘실거리도록
달려라 달려라, 입천장이 찢어지도록

양팔을 벌려

라–

룰루랄라 아이를 낳는 것처럼 존중을 담아

라–

노을에 비친 속눈썹 돌 위에 올려두어

라–

어린 라마승의 독경소리가 언덕에서 울려 퍼지도록

라–

절망은 꽤 쓸 만한 것이라면서, 뒤꿈치 세우고 구름 위에 침묵을 올려두고

라–

문을 열지 않았는데, 문을 열었다고 착각하는 이들을 위하여

숨이 멎을 때일지라도 *라–*

눈에서 양파 냄새가 날지라도 *라–*

사건이 느려지도록 *라–*

태양 아래서 *라–*

태양의 목을 베고 *라–*

고독한 바위가 되리라

달방

김 대 술

달에는 방이 있습니다

옥탑 월세방 창문에
초승달이 걸리면
빼꼼히 열린 틈으로
달이 만든 방이 있습니다

외진 곳이라 넉넉한
지친 저녁을 위해
고등 여인숙, 역전 여관에
달방을 주었습니다

나그네 품어주는
달은 방을 만들었나 봅니다

안녕, 엄마

김 선 향

엄마, 그거 알아? 난 노점상에서 떨이로 사온 귤 대신 고디바초콜릿이 먹고 싶었어. 단화를 신고 온종일 마트에서 일하는 엄마 같은 여자, 생리휴가도 없이 서서 피 흘리는 가장은 사절이야. 내가 엄마를 고를 수 있다면 킬힐을 신고 거릴 활보하는 여자를 골랐을 거야. 노동이라곤 모르는, 죄의식이라곤 티끌만큼도 없는 그런 여자 말야. 애초에 엄마 자궁은 비정규직처럼 허술했어. 하수도처럼 어둡고 비좁았지. 어쩌지? 의사 선생님이 계류유산이라고 말하자 안도하는 엄마 얼굴 다 봤어. 내가 이해할게. 난 반 근 고깃덩어리. 신경쓰지 마. 내가 위로해 줄게. 수시로 도려내는 엄마 발바닥의 굳은살이 금세 차오르듯 엄만 늘 슬프니까. 눈빛사막달저수지생인손디즈니랜드카니발꽃그늘몽고반점편도… 다만 이런 것들이 조금, 아주 조금 궁금했을 뿐야. 엄마, 안녕. 쿨하게 안녕.

유리

김 영 주

지하철 스크린도어에 통한의 외마디 시詩
유리벽 저 너머로 무슨 꽃을 피웠기에
피안을 떠나지 못하는 꽃향기 낭자할까

다음 기적 울기까지 눈 깜빡할 토막시간
시 한 줄 읽으면서 시민은 꿈을 접고
시 한 편 걸어보려던 시인은 눈을 감고

사는 건 꿈이 아냐
시처럼도 살 수 없어
시인도 시민도 아닌 열아홉 어린 아들*은
목숨을 담보 잡힌 채 사투를 벌이는데

자본주의 모질구나 근본도 없는 자본주의
생과 사 유리하는 유리 한 장 깨지 못해
군중 속
섬 안에 갇혀
눈물꽃을 피우다니

*2016년 5월 28일 구의역 사고로 잃은 이 땅의 아들

여강

김 왕 노

건너갈 수 없는 강 맞은편에서 말이 서럽게 울었다.
밤바람에 하얀 풀꽃이 끝없이 물결쳤다.
등불이 약속한 듯이 하나 둘 피어났다.
건널까 말까 망설이는 경계에도 무수히 별이 떴다.
별이 강 위에 무수한 별빛 징검다리를 놓고 건너라지만
무거운 영혼이라 별빛 징검다리로 도저히 건너갈 수 없는
강 맞은편에 말이 밤새 울고 있었다. 네가 울고 있었다.

함양咸陽

김 천 영

서울을 떠나야겠다는 생각에 지도를 펼쳐놓고 고심한 끝에 그는 함양으로 가기로 했다 아는 이는 없었다 다만, 어느 해인가 휴가를 끝내고 돌아오는 길에 우연히 읍내를 지나가 본 적이 있을 뿐이었다 지리산이 가깝다는 것이 이유라면 이유였을까 버스터미널에서 내려 근처 골목길에 월세방을 구하고 살았다 가져온 거라곤 백석白石의 시집 한 권뿐이었다 그렇게 세월이 흘렀다 만남도 이별도 없이 메말라 갔다

햇살이 가득한 봄날, 상림을 거닐면 부는 바람이 다독여 주었다 여름날, 반소매 차림의 아이들이 재잘거리며 그의 방 앞을 지날 때면 잠에서 깨어 골목길에 나와 앉아 있곤 했다 가을날엔 지리산 자락을 거닐며 쓰러져간 청춘의 파르티잔을 그려보기도 하고, 눈보라 치는 날엔 창가에 서서 나와 나타샤와 흰 당나귀*를 생각했다

*백석의 시 제목

83퍼센트를 위하여

맹 문 재

모나리자의 얼굴에 나타난 행복감은 83퍼센트
혐오감은 9퍼센트
두려움은 6퍼센트
분노는 2퍼센트

전문가들은
모나리자가 오묘하고 행복한 미소를 띠는 것은
행복감만이 아니라
혐오감과 두려움과 분노가 있기 때문이라고 하는데

나는 2퍼센트에 기운다

혐오감을 간식으로 먹어치우거나
두려움을 강물에 흘려보내거나
행복감을 관념으로 찬양하지 않으려는 것이다

나는 바람 부는 날을 일기로 쓰는 것을 넘으려고

현재진행형으로 투표하는 것을 넘으려고
광장으로 간다

많은 것을 배우고도 어리석은 자가 되지 않으려고
나의 절감분을 찾으려는 것이다

돌멩이 같은 분노를 집어던져
울타리에 갇힌 나의 행복을 깨우려는 것이다

모래성

박 설 희

모래성을 쌓자
성이라는 말이 무색하게
한 방의 파도로 모든 게 허물어져도

모래얼굴을 만들자
그가 들여다볼 모래꽃
노래 부를 악보까지
눈코입 지워져도 그뿐
물에 젖은 적막만 남는

무너뜨리는 자도
쌓는 자도

놀이니까
죽을 때까지 하는 놀이니까

진천鎭川

박 완 호

커피숍 아르바이트 첫날
흰 와이셔츠가 없어서
친구 아버지 걸 얻어 입는 일.

스물한 살,
처음 입어본 와이셔츠는
교회 장로였던
친구 아버지의 마음씨처럼
하얗게도 늙었었지.

가난은 또,

전역한 다음 날
애인 만나러 가는 길
입을 게 없어서
할아버지 걸 빌려 입는 일.

서너 겹으로 접힌 허리춤을 가리려
여든 살 노인네의
흰 남방을 겉으로 내놓는 것.

웃는 애인의 눈에서 찔끔,
물기가 새어나게 하는

나도 덩달아 질끈,
눈을 감아버리고 마는.

물의 학회學會

박 해 람

한 켤레의 물을 신고 걷는다.
자꾸 흘러내리는 물의 기장機長

물광 내는 남자를 알고 있다. 수천 겹의 물을 덧바른 남자의 손엔 까만 물때가 끼어 있었다. 적란운積亂雲인 듯하지만 흑연黑鉛이 낀 손톱이 열 개. 아침마다 짐승 하나가 송곳니로 빠져나가면 입속을 헹궈내던 물. 남자가 물로 닦아온 것들은 다름 아닌 짐승들의 발, 한 켤레의 구두가 번식시키던 질긴 노동.

물을 덩어리라고 인정하지 않는 학회學會의 간사를 지낸 남자를 알고 있다. 그의 말에 의하면 물의 뼈는 쉬지 않고 졸졸 소리를 낸다고 했다. 돌 속에서 성호를 그은 물의 종류 중에는 나무빨래판이 있다고도 했다. 또 물을 세공해 파는 남자도 알고 있었는데 물은 와장창 소리가 없어 절대 깨지지 않는다고 했다. 바닥에 흘려도 쓸어 담을 빗자루가 개발되지 않았음으로 파편이 되지 못한다고도 했다. 또 어릴 때 물을 동생으로 둔 친구는 틈나는 대로 물을 업어주었는데 가끔 따뜻한 물이 등을 적셨다고 했다. 물이 울고 물을 달래다 짜증을 내면 친구의 엄마는 물 흐르는 대로 살아라, 했다고 한다. 어느 날은 하류에 모여 살던 신발들을 찾으러 간 친구는 발목을 삼킨 물에게서 평생 허우적거리는 법을 배워왔다고 했다.

가끔 그런 생각은 안하나? 누구에게도 허락받지 않는 물은 물물교환 하듯 지구의 곳곳을 섞어놓고 한 모금으로도 사막과 대항할 수 있고 모래들의 주인이며 지구의 제곱미터들의 합산이기도 하며 모든 돛들의 정박지이기도 한 물은 미시시피와 황하의 그 길고 긴 거리로 지구를 둘둘 감고 있다는 생각 같은 것 말이다.

물을 세공하는 남자와 물광 내는 남자와 아가미가 달린 구두를 신고 뻐끔뻐끔 걸어가는 남자는 같은 이름을 하고 선미船尾라는 이름의 한 여자를 사랑했던 내 친구인데 훌쩍훌쩍 울고 있는 물의 등을 쓰다듬어주며 물엔 매운맛과 뜨거운 온도가 들어있고 단맛과 신맛이 들어있지만 맵고 뜨겁고 또 달고 신맛은 그날그날의 표정일 뿐이라고, 꼼지락거리고 비늘이 돋는 열 개의 발가락을 신겨주고 가는 것이다.

밀물을 접안시키는 도선사導船士 공부를 해야겠다.

천공기

박 홍 점

두통은 나를 침묵 쪽으로 밀었다
오늘 나는 1년치 전표에 구멍을 뚫는다

그것은 본래 감정 없는 쇳덩이여서
표정에는 피가 돌지 않아
쓱 지나갈 뿐
나도 덩달아 웃음을 지운다

꽃을 노래했던 시절은 애송이의 사랑
키 작은 아이가 시소를 끌어내릴 때처럼
두 팔을 활짝 올려 널판을 누른다
명치까지 전해져오는 힘줄의 저항

이제 나의 벗들은 펀치나 스테이플러 혹은 제침기
끝없이 흰 종이들을 뽑아서 남의 항문을 닦는 일
미농지 같은 파티션이라도 하나 설치해야겠어
최소한 거웃이라도 숨겨야겠어

두터운 침묵은 정리정돈의 명수
나의 말들은 전표들 속으로 숨어들고
대신 우겨주기
대신 거짓말하기
대신 싸워주기
대신 울어주기
눈은 반의 반, 접고 접어서 바늘귀만큼만 뜨기로

거위와 눈을 마주치다

–물향기 수목원에서

서 수 찬

나는 거위
눈을 오랫동안 들여다보았다
내 수중에
먹이 될 만한 것이
하나도 없었으므로
철책 안의 거위에게 미안한 마음으로
대신 눈을 오랫동안 마주쳐 주었다
거위도 자신에게
말을 거는 것이 처음이라는 듯
나를 오랫동안 보아 주었다
거위 눈동자 속에 내 눈을
나는 오랫동안 너무
무시하고 살았다는 것을
거위 눈동자는 알려주고 있었다
거위와 나는 서로
눈을 맛있게 먹고 있었다.

우울한 제국

서 정 택

그가 세운 제국엔 이렇다 할 문이 없다
무광택의 나날들과 통짜로 된 판금 갑옷

스스로 마음을 멈춘
석상 한 기 있을 뿐

옥좌에 홀로 앉아 공작하고 백작하고
어떤 날은 황녀 되어 수라상 받들다가

긴 치마 넌출 늘어진
단 밟아 넘어지고,

더하느니 잔돌마냥 막노동판 나뒹굴 때
발에 밟힌 무명초 작은 꽃잎 빼 닮은

풀물 든 바람이 되어
떠돌 것을 그랬다

테어 드레스*

서 정 화

슬픔이 가득한 무늬를 그려 넣는다

허리에 접고 꺾어 곡률이 펄럭인다, 치렁치렁 폭을 넓혀 바깥으로 가봉한다, 깨어져 빛이 나고 긁혀 찢어져 잘 마른 죽음들이 조각처럼 반짝이는

세계를 갈아입는다,
한 벌 마음을 갈아입는다

*스키아파렐리의 테어 드레스

찌푸림

성 향 숙

정오의 태양을 향한 편견,
구겨진 종이,
금간 유리창,
달라진 체온,
빛나는 얼굴에서 타인의 절망에 익숙한 원형

문을 열면
시린 눈에서 증발하는 푸른 하늘과
스며들지 못하는 풍경의 신생들
눈을 뜰 수가 없다

낮잠은 잤나요?
이번 달 생리통은 있었나요?
수면제를 복용하나요?

그러니까
아름다운 노을은 고도의 먼지를 통과하는 것일 뿐

애초 붉은 색은 없다는 것
현대 백화점 앞에서 태양의 빰을 후려치는 여자와
담장 쪽으로 꽃을 토하고 사라진 남자와
너의 또 다른 욕망을 들킨 것
햇살이 네 얼굴에 뿌리는 소나기 같은 것
죽은 슬픔이 삐져나오는 것

문을 닫으면 비명을 내지르는 어둠이 있다

감은 눈에 붉은색이 기울어지는 석양
입술에 노란 해바라기 압정

다시 문을 열면 질겅거리는 염소가 있다
눈 못 뜨는 고양이가 있다

장례식장에 다녀와서

양 정 자

올해 여든셋 되신 이모님이 돌아가셔서
아산병원 장례식장에 다녀왔다
폐에 물이 차서 갑자기 돌아가셨다 한다
작년 마루에서 넘어져 다리 부러지셨을 때
병문안 한 번 다녀온 후
치매기가 있다하여 한 번 더 뵈오려 하였는데
어느새 황망히 가버리셨네

두 달 동안이나 위장병으로 고생했던 나, 다녀오니
기력이 다 쇠진해버린 듯 어지럽고 온몸이 쑤셨다
다음은 내 차례
늙으니 낡은 몸뚱이처럼 슬픔도 낡아
가까운 이의 죽음 앞에서조차도
별로 슬퍼할지도 모르는
메말라가는 내 마음이 더욱 슬퍼지는데

늙어서도 웃으면 꽃 피듯 유난히 눈부셨던 이모님

땅에 묻히면 명백히 몸은 썩어 없어질 테지만
그 환한 웃음, 그 큰 말소리, 인정 많던 그 마음들은 정말 어떻게 되는 것인가
영원히 윤회하는가, 허공중에 떠도는가, 그냥 사라지는가
내 마음속에만 있다가 내가 사라지면 같이 사라져버리는가

어린아이처럼 새삼 우리들의 사후영혼이 궁금해져
오래도록 잠을 못 이뤘다

반구대 가는 날

오 춘 옥

함께 가지 못한 마음만 남아
반구대 가는 날
좌우 숲 사이 당신은
전망경으로 당겨야
비로소 보이는 저편입니다
기원전부터 거기,
암벽을 새긴 손들의
실패한 날들 보아요
바위로 늙어 울음 다한
일억 년 전 고래와 호랑이
넉넉한 그물과 멀리 날고 싶은 화살
그림 속 빈손으로 갇혀 있어요
살다 보면 굳게 닫힌 말문도 풍화되어
말도 문도 따로 없는 저 세상 볼 수 있을지,
매표소가 문을 닫는 시간
살던 하루만이 웅얼웅얼
일몰처럼 다녀가요

거돈사居頓寺
−부처 아닌 게 어디 있으랴!

용 환 신

가을비 그친 아침
티끌도 빛이 난다.

열반도 피안도 아닌
육신 사라진 터
차디찬 가슴에 홀로 남은
천년 풍우 속 꽃이 된 삼층석탑,
세간 고집苦集에 쫓겨
깊이 파묻힌 무량연꽃
산산히 부서진 성난 조각들,
견성을 위한 자학일까
아직도 숨소리 뜨거운 거돈사*
무너진 대웅전 앞
중생의 꽃들도 아우성이다.

폐허에 갇혀 선정에 든

여기 불국의 땅
오늘도 저 들판 너머 흰 강 흐르고
푸른 바람 또 그렇게 불어오는데
부처 아닌 게 어디 있으랴!
마음 궁해도 고독한 하늘 아래
무슨 군말이 필요할까
'있고', '없음'에
매달리고 있는 것이 두려울 뿐.

*거돈사 : 강원도 원주시 부론면에 있는 신라말 고려조 절터.

꿈의 잔도

우 대 식

바람이 분다
눈이 쌓인다
투명한 세계로 가기 위해 기다리는 중이다
팔만대장경 같은 세계
거듭 암흑을 뚫고 가는
침묵의 세계
쌓인 눈이 빛난다
꿈의 잔도를 걸어간다
위태롭다
머리맡의 책들이
꿈의 절벽으로 쏟아져 내린다
문자들의 아우성, 악다구니
아아
마땅히 원주에서 죽어야 할 것이나
나는 나의 죽음을 모른다
가슴에 앉고 연주하는 모든 악기가 가슴이 되듯
죽음을 가슴에 안은 나는 죽음인가 죽엄인가

어느 유형流刑의 땅에 다시
바람이 불고
눈이 쌓일 때
팔만대장경 같은 세계에
잠시 배를 정박하고
휘파람을 분다
허공에 부서지는 소리의 세계는 여전히 아름답다

염화鹽花

우 은 숙

곰소항 염전에 햇살이 곤두박질이다
한곳을 향하여 모질게 내리 꽂는다
그 빛에 비틀대는 나는 비정규직 노동자

숨죽이고 있던 내가 부르튼 속살을
허옇게 내보이기 시작한 건 이때였다
납작한 몸을 절이고 마음까지 절인 그때

바람에 물기 말려 서걱해진 서류 위에
짜디짠 염화로 피기 위한 몸부림
올해도 근로계약서에 사인할 수 있을까

모든 것 내보여야 비로소 피는 꽃
온전히 내려놓아야 비로소 피는 꽃
가쁘게 햇살 토해내는 곰소항의 그 소금꽃

더불어 숲 춘몽

윤 한 택

내 사랑
관계를 끊고
존재로 되가셨네
처음처럼
남한산성 푸른 새벽
기상 나팔로 넘으셨나
무성하던 잎 떨구어
씨과실로 남으셨나
내린천 미산동천
나는 새로 통하셨나
저승 돌아 이승 되오는 날
함께 부여잡던 인연일랑 두시고
부디
틈새 넘나들며
절로 스치는 끈으로 오소서
이제 여기에

나무의 장례

이 덕 규

한 그루 나무를 베고 보니
나무는 그동안 가만히 서있는 게
아니었습니다 나무는 자라면서
걷고 또 걸었던 것이었습니다
걷고 또 걸어서 나무의 장딴지는 갈수록
굵어졌던 것이었는데요

한때 회색분자들이 우글거리던 동토에
초록 물감폭탄을 던진 녹색당원
결국 빛나는 청춘을 탕진하고
지전 한 장 없이
맨발로 추운 상점들의 거리를 지나
닿을 듯 머리 위로 흘러가는
달콤한 구름의 이야기들을 따라
그는 얼마나 멀리 걸어갔던 것일까요

나는 오늘 평생 걷고 또 걸어서 마침내

자신에게 이른 한 나무의 마지막
뒷모습을 보았습니다
먼 길을 걸어서 자신이 태어난
처음의 자리 그 둥근 나이테
한가운데로 풍덩, 뛰어들어 간 파문의
소실점이 다만 고요했습니다

파문

이 선 균

상형문자 하나가 날아들었다.

[!]

문자메시지 주고받을 줄 모르는 아버지가 어떻게 전송한 것일까.

'주간보호센터' 가 무슨 공연장인지, 마른 논바닥인지 당최 모르겠다고

소도둑 같은 녀석이 메나리* 가락을 뺏으려 한다고, 크게 불러라, 느리게 불러라, 1절만 불러라, 일일이 간섭한다고 그 녀석 좀 내쫓아 달라고

진종일 2G폰에 매달려 생중계하는 아버지

'고향다방' 으로 돈 좀 가져오라며 부지불식간에 내뱉은 치부를 주섬주섬 쓸어담다 흘린 듯한, 저 암호!

헝클어진 기억의 퍼즐 꿰맞추는 시간에 농사 걱정이 들어 왈칵, 엎지른 감정일지도 모르지.

나에게 은밀히 찔러준

저 불씨!

세상사, 감탄부호 하나면 그만이라고.

*메나리 노래 : 포천 지역의 논매기 노래. 2000년도에 경기도 무형문화재로 선정되었다. 아버지는 몇 해 전까지 메나리 회원으로 활동, 국립극장에서 공연을 한 적이 있다.

당신의 저녁

이 은 유

아주 가끔 당신이 생각납니다
이렇게 하늘이 흐린 날이면 당신 소식이 궁금합니다
쓸쓸한 당신의 저녁은 어찌나 안쓰러운지
폭설이 내릴 거라는 일기예보가 있었습니다
지금은 저녁이 아주 먼 시간인데 사위가 어두워집니다
정말로 순식간에 거대한 눈발이 쏟아져내립니다
눈 내리는 창 앞을 두려움에 떨며 바라보고 있습니다
해일처럼 눈이 퍼붓고 있습니다
눈보라가 일었습니다
심장이 경이롭게 떨리다니요
숨이 멎을 듯, 숨이 막힐 듯
비로소 살아있다는 것을 느낍니다
매일 그늘이 지는 당신의 앞마당에서
몇 번이나 넘어져 무릎이 깨지고 팔을 접질렸다는 소식을 들었습니다
당신 앞마당은 또 빙판이 되겠군요
당신이 혼자 밥 먹는 것보다 넘어지지 않을까 그게 더 걱정입니다

무사하시기 바랍니다
혼자 우는 일보다 아픈 것은 더 슬픈 일입니다
부디 다치지 마시길

추신 : 꽃 피는 봄에 저는 실컷 앓을지도 모르겠습니다

파두

이 정 원

불현듯 아말리아 로드리게스가 왔다 로드리게스의 *어두운 숙명 Maldicao*가 왔다 파두가 왔다

파두는 Fado
파두 뽑아오라,고 남편에게 보낸 카톡이 K시인에게 잘못 갔다
파두는 포르투갈 민요란 위트 섞은 답신에
민망함 너머
물질계에서 정신계로 순간이동하며 파는 파두가 되었다

운명이나 저주
그 어두운 어떤 것이 우리들 마음속에
상실을 하나씩 보내는 것일까

파두는 상실이 운명이 된 노래 뱃사람들의 애환이 리스본 항구를 휘감는 노래
리스본에 가보고 싶어지는 노래

파는 뽑아도 안 뽑아도 그만이지만
파두는 이 저녁 나의 화두
로드리게스의 젖은 음색이 검은 돛배를 타고 파도 위를 미끄러져 온다

당신이 탄 돛배는
밝은 불빛 속에서 너울거렸고
뱃전에서 당신은 내게 손짓하고 있었지
그러나 파도는 말하고 있었어
영원히 당신은 오지 않을 거라고

그러니까 파도는 파두의 전말 아니 운명의 전말 운명은 파도처럼 쓰나미처럼 덮쳐오는 검은 그림자

운명의 나침반은 늘 파고 저쪽에 있다
그래서 파두는 파도를 헤쳐나간 뒤의 후렴구 같은 것
어느 결 옆구리에 찰싹 달라붙은
결코 마주하고 싸울 수 없는 존재에 대한 투정 같은 것이다

파를 벗길 때 눈물은 그 투정처럼 비어져 나와 파두를 듣듯 그렁그렁해진다

*이탤릭체는 아말리아 로드리게스가 부른 파두의 제목 또는 인용 가사

씽크홀

이 진 희

그때 나는 어디에도 없었다

술잔의 거품이 가벼운 외유처럼 추파처럼
흘러넘치던 여름날 저녁의 테이블이나

도처에 슬픔이며 멈출 수 없는 의문이
와디처럼 뻗어나간 투명한 지도 위에도

가짜 미소와 포옹, 속삭임 따위
발밑이 쑥 꺼져 내렸어

스치듯 울려 퍼진 몇 마디면 충분했지
전모를 알아차리고 데는

잠 깨어 있을 때면
다른 환영이 흘린 이름으로 호명되었고
내가 꾼 꿈속에서조차 나는

기대어 앉을 자리부터 지워졌다는 것을

악몽을 헤집는 엄연한 손가락보다
끔찍해 사이좋게 어깨동무하고 사진 찍힌 순간들

극적으로 생환했지만 아직 너덜너덜한
나의 그림자를 어디에 눕혀야 할지 몰라

붉은 기억으로 익어가는 토마토

이 향 란

싼값에 덜 익은 토마토 한 상자를 샀다. 지금은 파래도 실온에 그냥 두기만 하면 금방 익을 거라고 했다. 정말 그랬다. 하루가 지나면서 붉은 빛이 서서히 돌기 시작하더니 어느 날은 온통 붉어졌다. 토마토는 예전의 붉은 기억에 충실했다. 본의 아니게 그것으로부터 멀어졌지만 되돌아갈 줄 알았다. 푸름을 붉음으로 스스로 물들일 줄 알았다. 그러면서 온전히 익어갔다. 햇빛이나 바람은 절대 아니었다.

비행

이 혜 민

검푸른 저수지 물 밑에 이무기 눈이 반짝거린다
이빨 빠져 움푹 패인 볼우물 오물거릴 때마다
수면이 일렁이며 파문을 일으킨다

그의 주변으로 계절을 앞세운 바람이 수없이 맴돌다 물찌똥을 싸고
몸이 꿈틀거릴 때마다
비대해진 이끼 낀 비늘이 벗겨진다

밤마다 용트림을 해야 하늘로 승천한다는 물속 전설이
그의 몸에서 떨어져 나간 비늘 자리에 솜털로 자라
날개를 펴고 물속을 박차며 날아 오를 때
낚시꾼이 그의 목 뒷덜미를 낚아챈다

그가 벗어버린 비늘이 물 위에 차르르 은가루로 쏟아진다
은날개가 흔들리고
물방개도 그 모습을 바라보고 있다

하늘을 뚫고 끝간 데 없이 오르는 그의 뒤꽁지에서
환상통 같은 구름꽃이 피어난다

버럭론

임 경 묵

봄볕이 며칠째 몽우리를 만지작거리니까
목련이 제 가슴을 확 보여 주었다
애기똥풀도 놀라서 길섶에 꽃을 토했다
고등학교 2학년 때 공부가 힘들다고 했더니
아버지가 딱 한 번 버럭 하셨는데
조촐한 세간들이 좁은 마당을 함부로 날아다녔다
그 후로 공부가 힘들지 않았다
오래 참았다가 한 번에 터트리는 것은 아름답다
상수리나무가 빛나는 열매를 내려줄 때는
갈바람이 나무의 뺨을 갑자기 후려칠 때다
그래야 단풍도 붉으락푸르락한다

동거차도 미역

임 덕 연

동거차도에서 미역이 왔다.
이미터쯤 되는 미역이다.
먹기도 부담스런 동거차도
미역이다.

벌건 대낮 놔두고
올빼미 족속처럼 밤에만
세월호 인양작업 하는
눈 헤집고 봐도 늘 빨간 유도등 한 점뿐인 바닷속에서
유영하던 동거차도
미역이다.

섬사람들에게 미안해
미역이라도 팔아주고 싶어
먼 길을 달려 내 앞에 온 동거차도
미역

아이들 살려 달라 하는 절규 들었을 미역귀
문을 열라고 손가락 부러지도록 창문 틈을 헤집는 걸 본 미역줄기
마침내 멈추고만 마지막 숨을 다시 받아들인 미역 잎

동거차도 미역국에
툭
눈물 떨어진다.

마흔

임 희 구

어느 세탁소엔가
맡겨놓고 찾지 않은 옷이 있을 것만 같다
책갈피에 꽂아둔 편지를 잊은 채
책과 함께 떠나보냈을지도 모른다
까마득히 잊고 보내지 못한 답장들
까마득히 잊혀져 간 인연들이
흔적도 없이 사라져 갔을 것이다
얼마나 오래 기다렸을까
이제는 너무 멀리 지나쳐 와서
되돌아갈 수도 없는데
문득문득 떠오르는 쪽지 같은 것들

소심한 고백

정 수 자

꽃 한 송이 피우는 데 가담한 적 없는데

꽃 진다, 찍는 것도 가소로운 간섭 같아

숙이며 지나치려 하니 발 놓을 데 가뭇없네

아픈 쪽에 가담해온 詩 자취도 희미할 때

뒤트는 지렁이들 피해 서던 아래쯤엔

말없이 기는 것들이 흙빛 윤을 돋우려니

가벼운 적선만 같아 '좋아요' 망설이듯

슬픔도 함부로는 호명치 않으리라

테라도 우웅 울려야 꽃숨 얹는 가담이려니

개구리는 개구리밥을 먹지 않는다
-0416

정 용 국

울다 지친 광화문에 장군은 목이 메고
대왕도 숨이 막혀 눈을 뜨지 않으셨다
빈 말만 인왕산에 걸려
또 다시 돌아오고

얼기설기 눌어붙어 거칠어진 말본새는
긴 여름 뙤약볕과 매서운 겨울 건너
먹지도 버리지도 못할
개구리밥 되었다

입가에 묻어나는 거짓을 핥아가며
보태고 들쑤셔서 뒤엎은 마음 못에
새봄도 아랑곳없이
개구리는 동면 중

총체성

조 동 범

구름이 무너질 때 그곳으로부터 역사는 시작되는가.

텅 빈 페이지 속으로 새가 날아들고 꽃이 피어날 때, 서사는 완성된 결말을 예감하는가. 저녁 식탁의 찌개가 식어가거나 하굣길의 아이들이 횡단보도 앞에 멈추어 섰을 때, 철거 예정인 건물이 무너지고 교회 옥탑에 목을 맨 사람처럼 바람이 불어올 때, 그곳으로부터

하나의 세계는 흘러나오고 수많은 오늘들은 치밀하게 오늘의 이야기를 완결하는가. 책장을 넘기면

책의 역사는 이윽고 하나의 이야기를 읊조리기 시작하는구나.

텅 빈 페이지가 믿을 수 없는 이야기를 들려주기 시작하면 비로소 페이지는 완성되기 시작한다. 책장을 넘기면 그곳은 산타바바라의 텅 빈 해변이거나 추모객이 사라진 공동묘지의 어느 밤일 것이다. 이별하는 연인들은 상투적인 해변을 향해 달려가고, 공동묘지의 구름은 천천히 지상을 지나 끝날 수 없는 이야기를 들려주려 한다.

소설가의 방문이 예정되어 있다면 오늘 밤은 오래전에 잊힌 신화와 전설을 떠올려보기로 한다. 페이지를 향해 천둥과 번개는 선명한 감각을 환기하고, 구름은 어느덧 복선을 향해 몰려오기 시작한다. 그리하여 불란서 제과점에서 새어 나오는 빵의 향기를 맡으면, 누군가는 비로소

불란서 제과점을 중얼거린다. 불란서 제과점의 간판에 불이 켜지고 불란서 제과점의 진열장에 빵들이 가득할 때, 그것은 이윽고 완전한 불란서 제과점이 되어가기 시작한다. 한 입 빵을 베어 물면 불란서 제과점은 모든 소설의 결말을 예언하는가.

교차로의 개들이 죽음을 예감하지 못할 때 트럭은 슬픔을 애도하며 달려오고, 구름이 무너질 때 그러나 세계는 변함없이 거리를 배회한다. 모든 사건이 복선을 향해 집요하게 매달리던 여름이었다. 구름이 무너지고 피어오를 때, 그곳으로부터 역사는 시작되는가. 수많은 오늘들은 어떻게 하나의 페이지를 흐느끼며 전개되는가. 불란서 제과점의 불이 켜지고 수많은 오늘들이 페이지를 향해 걸어 들어가기 시작하면, 책의 역사는 이윽고 하나의 세계를 읊조리기 시작하는구나.

서리꽃

차 옥 혜

누구의 기쁨이 서리꽃 되어
산을 덮었나
누구의 슬픔이 서리꽃 되어
호숫가 숲을 품었나

삶이 죽음을 죽음이 삶을 껴안아
서리꽃 나라 눈부셔라

겨울길만 헤매도
남루하여 자꾸만 몸 가려도
서리꽃 아닌 목숨이 어디 있으랴
서리꽃 아닌 넋이 어디 있으랴

서리꽃이 서리꽃을 부르며 웃고 있구나
서리꽃이 서리꽃을 어루만지며 울고 있구나

저녁

최 기 순

물결무늬 발자국을 따라간다
누군가 앞서 간 이가 있다는 것
저문 해를 향해가는 길의 위로가 된다
불쑥 검은 고양이가 앞을 지르고
발자국은 누리장대나무 앞을 지나간다
등불 아래 고개를 수그리고 국수를 먹던 식구들
체온이 저려온다

드나들던 문설주 위에
돌아오겠다는 십자 표시 하나 남기지 않고
각자의 별을 향해 걸어갔는지
이별은 사소하지만
관계는 얼마나 먼 행성들로 사라지는지
사라진 이름들을
저문 하늘에 초성문자로 쓰는 철새들

나는 또 얼마나 혼자서 먼 길을 걸어왔을까

뒤돌아보지 말자고 입술을 물고
떠나기만 했던 여기의 지금을
잘 구워진 시간이라 말할 수 있나?

앞서가던 발자국도 사라졌다
어둠 속을 흘러오는 매캐한 연기
누군가 쓰레기를 태우나보다
냄새를 피워대며 타오르는 불꽃들은
다 흩어져 어디로 가나

수수밭

최 재 영

바람 서걱이는 수수밭을 거닌다
잘 달구어진 붉은 티밥들
고개 주억거리며 성긴 머릿결처럼
자꾸만 가을의 이마를 쓸어 넘기는데
그 손짓이 내 가슴을 쓸어내리는데,
수수머리를 지나는 것에서
찰랑찰랑 물소리가 부서진다
물의 발원지가 땅 속 깊은 곳만은 아니어서
메마른 바닥을 치고 올라와 흐르는
누대 세월을 건너온 물소리에 이가 시리다
정한 기운은 위로 몰려드는 것일까
제 집처럼 드나드는 참새 떼 부리도
물길을 먼저 물어 날랐을 것이고
그래서인지 새들의 말은
맑은 물기를 읊조리느라 언제나 촉촉하다
때로 하늘도 궁벽한 처소를 꿈꾸는지
생애 들고나는 집 한 채가

깡마른 수숫대처럼 저리 휘청거리고
누군가 참빗질을 해놓은 듯
물젖은 가을 입구가 가지런하다

편지

하 상 만

이제 가을이라 부를 수 없는 시간이 되었네요
집에 보일러는 잘 들어오는지 궁금합니다
우리 집엔 보일러가 잘 들어오지 않습니다
틀어도 틀어도 냉골입니다
늦가을, 초봄까지 해서
겨울이 6개월은 된다고 생각하니
겨울이 참 두텁습니다

예전 성당 다닐 때
순교한 분들의 마음을 체험해 보는 행사가 있었는데 그 중의 하나가
얼음 위에 올라가서 오래 견디는 거였습니다
맨발로 얼음을 딛는 순간 몸 여기저기 통증이 찾아왔는데
얼음의 차가운 기운이 몸 안으로 전해진 결과라고 생각했지요

요즘 우리 집 마룻바닥이 딱 그 얼음장입니다
저는 혼자서 발을 동동거리며 배교하겠습니다

하루에도 몇 번 혼자서 그런 놀이를 하고 웃습니다
그런데 이제는 알고 있습니다
바닥을 짚을 때 느껴지는 고통은
따뜻한 것이 몸 밖으로 빠져나가면서 생기는 거라는 것을

때때로 외로움이 느껴지면 생각해요
이 외로움은 밖에서 찾아온 것이 아니라
제 속의 다정함이 빠져나간 결과라고

남이 저에게 슬픔을 줄 수는 없다고 생각합니다
슬픔도 제 속의 기쁨을 잃어버린 결과였습니다

무엇이든 다 제 속에 있습니다

추위를 막기 위해서가 아니라 제 속의 따뜻함을 지키기 위해
벗어 두었던 털신을 신어야 할 때가 되었습니다

육철낫*

한 구 연

섶 따위만 치진 않았소
뒤란 대숲 참대 내리쳐 죽창을 만들었소
더러는 탐학의 목을 치고
더러는 침략자의 피를 벼린 날에 묻히기도 했소

그러다가
헛간 부스러진 흙담에 걸리어
녹슨 몸을 어루며
억센 손아귀 맛을 본 지 어언 일 년이오

풀무간에서
쇳덩이가 신열을 하며 달아오를 때
큰 망치로 두두리고
작은 망치로 때려
찬물에 몸을 담그면
온몸에 우주가 담기는
섬뜩함으로 단련되어

또 한 번 거친 세상을 향해 포효하고 말 것이오

저만의 무게만으로도
멈추기 어려우니 조심하시오
한 번 허공을 헤침이
우지끈 세상을 날리는 회오리로 불어 닥치니
순박한 농부의 손아귀에
"퉤" 침방울로 움켜쥐고
우직하게 휘두르면
육철낫은 냉철하게 예리하다오

나무에 꽃이 피지 못하는
생명이 잉태되지 못하는 죽음의 시절
다시
백남기의 육철낫이 살아오오
몸뚱이 붉게 달아오른 냉철한 육철낫

*육철낫 : 묵직하고 두툼한 낫으로 날이 낫목까지 이어져 있어 나뭇가지 등을 쳐 낼 때 쓰인다.

속續 굴신屈伸

한 우 진

[어느 시인의 수상식장에 갔다. 모여 있는 시인들이 잔디밭의 잔디처럼 푸릇푸릇 서로 다정해 보였다. 뜻밖에도 (많은 시인들이 **우뚝 솟은 나무**라고 여기는) 나무라는 시인이 객석에 앉아 있었다. 대다수 시인의 시선이 수상자가 아닌 그 나무에게로 쏠려있었다.] 잔디밭에서 나무를 바라본다. 나무에 올라가보지는 못하고 잔디밭에서 잔디를 본다. 잔디밭에서 나와 잔디밭과 나무를 번갈아 쳐다본다. 눈의 입장에서 보자면 잔디밭은 바라보기에 좋고 무엇보다 만만하기 그지없다. 고만고만한 것들! 쳐다보다가, 우르르 쏟아져 나와 담배 꼬나물고 다시 힐끗, 쳐다보다가 문득 체코 소설가의 (최근에 읽은) 에세이 한 대목 ――그가 작곡 수업을 받으러 다니던 열서너 살 무렵의 이야기, 자신의 기억에 남아 있는 스승에 관한 이미지를 밝힌 눈부신 성찰 ――이 떠올랐다. 하루는 수업이 끝난 뒤 스승이 그를 바래다주다가 문 가까이에서 멈춰서더니 불쑥 이렇게 말했다는 것이다. "베토벤에게는 놀랄 만큼 약한 이행부들이 많아. 하지만 센 이행부들을 **가치 있게** 하는 것은 바로 그 약한 이행부들이야. 잔디밭처럼 말이야. 잔디밭이 없으면 우리는 그 위로 솟아나는 아름다운 나무에게서 즐거움을 느낄 수가 없을 거야." 시상식이 끝나고 **약한 이행부**들은 센 이행부들을 따라 **아마추**

어)*들이 기다리는 식당을 향해 힘차게 걸어갔다.

* L'amateur 아마추어(명인의 영역을 넘보거나 **경쟁의 정신이 없이** 회화, 음악, 스포츠, 학문에 참여하고 있는 자). 아마추어는 자신의 즐김을 계속 새롭게 한다(아마토르amator는 사랑하고, 계속해서 사랑하는 사람이다).그는 결코 창조나 공연의 영웅이 아니다. 그는 시니피앙 속에, 음악이나 회화를 즉각적으로 결정하는 재료 속에 '우아하게' (대가없이) 자리 잡고 있다. 그의 실천에는 보통 루바토rubato(속성 자체를 위해 대상을 훔치는 것)가 전혀 포함되어 있지 않다. 그는 반反부르주아 예술가이며, 아마 앞으로도 그럴 것이다. _롤랑바르트가 쓴 롤랑바르트

속죄양

홍 순 영

초록 자욱한 들에 웅덩이처럼 누워 있는 흑염소를 뛰어넘어 우리는 고모 집 마당에 도착했지
집 안에 들어서려면 말뚝에 박힌 흑염소를 한 번 더 통과해야 했는데 가로로 쭉 찢어진 염소 눈이 한 번씩 깜박일 때마다 고무줄넘기를 해야 그 윤기 나는 어둠 속으로 뛰어들 수 있었어

염소 뱃속에는 풀을 방목하는 고모와 그녀의 오래된 기도를 듣느라 한쪽 귀가 삭아가는 커다란 나무 십자가, 겁고 추레한 성경이 누워 있었는데

말없이 풀만 잡아 뜯던 엄마는 혼자서 왔던 길을 돌아가고, 고모는 내내 흑염소 똥만 구슬 줍듯 하고, 나는 염소 눈을 쫓아 빛과 어둠 사이를 폴짝폴짝 넘어 다녔는데

그날따라 사탄의 색인 505털실로 짠 빨간 원피스와 빨간 구두를 신은 나는 고모의 기도 속에서 활활 불타오를 것만 같아 오금이 저렸었지

염소 뱃속에서 하루나 이틀 뒹굴면 다시 찾아오는 엄마, 내 손을 잡아끌며

뒤돌아보지 마,
염소가 자기 가죽을 훌러덩 뒤집어 씌워서 널 데려갈지도 몰라

종종걸음 치다 보면 어느새 엄마 손에 들려있는 염소젖과 달걀 몇 개

엄마는 집에 오자마자 의식을 치르듯 양은냄비에 데운 염소젖을 손가락으로 휘휘 저어 날계란 하나와 함께 내게 먹이곤 했어 그 비릿한 맛에 손을 내저으면서도 나는 왠지 도망갈 생각을 하지 못했지 다만 네 발 묶인 짐승처럼 타다만 불 냄새와 미지근한 젖 냄새 속에서 눈물을 찔끔거렸어 방바닥에 모로 누워 있다 보면 어느새 나는 누군가의 주문 같은 기도 속으로 혼곤히 빠져들곤 했는데 흑염소가 눈을 깜박거릴 때마다 나는 어디론가 사라졌다 이 세상에 떨어지고, 또 떨어지곤 하는 것이었어

한 역사

–선감도 옛 소년들께*

홍 일 선

어둠 속 섬에도
동트는 새벽이 있었으련만
아주 오랜 날 유폐된 섬 속에
소년들이 있어야만 했으니
저물 무렵 집으로 돌아가는 길
그 길이 정녕 역사일진대
삼가 오늘 무릎 꿇어
그대들 이름 호명하나니
선감도 소년들이시여
어머니 기다리시는 집으로
밀물치듯 어희 돌아가소서
이 비루한 역사 용서하소서

*일제강점기 1942년부터 1982년까지 운영된 부랑아 강제수용소 섬으로 인권유린과 노동착취, 린치 등 국가폭력에 의해 최소 3백여 소년들이 암매장되어 있다. 강제수용소 선감학원은 현재 '경기창작센터' 로 쓰이고 있다.

제2부

아, 세월호

이름 짓지 못한 시

고　은

지금 나라초상입니다
얼굴도 모르는 상감마마 승하가 아닙니다
두 눈에 넣어둔
내 새끼들의 꽃 생명이 초록 생명이
어이없이 몰살된 바다 밑창에
모두 머리 박고 있어야 할 국민상 중입니다

세상에
세상에
이 찬란한 아이들 생때같은 새끼들을
앞세우고 사라갈 세상이
얼마나 몹쓸 살 판입니까

지난 열흘 내내
지난 열며칠 내내
엄마는 넋 놓아 내 새끼 이름을 불러댔습니다
제발 살아있으라고

살아서
연꽃봉오리 심청으로 떠오르라고
아빠는 안절부절 섰다 앉았다 할 따름
저 맹골수도 밤바다에 외쳤습니다

나라의 방방곡곡 슬픔의 한사리로 차올랐습니다
너도나도 쌍주먹 쥔 분노가 치밀었습니다
분노도 아닌
슬픔도 아닌 뒤범벅의 시꺼먼 핏덩어리가
이내 가슴속을 굴렀습니다

나라라니오
이런 나라에서
인간이라는 것 정의라는 것이
얼마나 허약한 것인지 새삼 깨달았습니다
무슨무슨 세계 1위는
자살 1위의 겉이었습니다
무슨무슨 세계 10위는
절망 10위의 앞장이었습니다
사회라니오
그 어디에도 함께 사는 골목이 남아있지 않습니다
신뢰라니오
그 어느 비탈에도
서로 믿어 마지않는 오랜 우애가 자취 없어지고 말았습니다

흔히 공이 없고 사만 있다 합니다
아닙니다
사도 없습니다
제대로 선 사만이 공을 낳습니다
신성한 사들이 다 썩어문드러진 것입니다
이런 사로
권세를 틀어쥐고
부귀를 꽉 움켜잡고 있는 죽음의 세월입니다

오늘도 저 남녘 앞바다 화면 앞에 있습니다
아무리 땅을 친들
땅을 쳐
피멍들 손바닥뿐인들
내 새끼의 환한 얼굴이 달려올 리 없건만
밤 지새울
멍한 아침바다를 바라봅니다

어찌 엄마아빠뿐이겠습니까
이 나라 풀 같은 나무 같은 백성 남녀노소라면
저 과체중의 선체가 기울었을 때부터
하루 내내 실시간의 눈길이 꽂혀왔습니다
그 선체마저 잠겨
겨우 꼬리만 들린 채

나라와 세상살이 갖은 부실 갖은 비리
하나하나 드러내는 통탄의 날들을 보냈습니다

이런 역적 같은
이런 강도 같은 참변 앞에서
과연 이 나라가 나라 꼬라지인가 물었습니다
이런 무자비한 야만이 저지른 희생 앞에서
이 사회가
언제나 청정한 하루하루일 것인가를 따졌습니다
인간이 인간에 대하여
얼마나 인간이었던가를 뉘우쳤습니다
영혼이라는 말
양심이라는 말이
왜 있는지 몰라야 했습니다. 알아야 했습니다.

내 새끼야
내 새끼야
내 새끼야
꽃들아 초록들아

이토록 외치는 이 내 심신 차라리 풍덩 내던져
우리 모두 빵(0)으로 돌아가
다시 하나둘 시작해야 하겠습니다
나도 너도

나라도 무엇도 다시 첫걸음 내디뎌야 하겠습니다

그리하여 이른바 고도성장의 탐욕으로 마비된 것
이른바 무한경쟁으로 미쳐버린 것
이른바 역대권력에 취해버린 것
하나하나 각고로 육탈로 떨쳐내야 하겠습니다
그리하여 1인과 10인의 향연이 아닌
만인의 영광을 누려야 하겠습니다

못 박아야 하겠습니다
이 사태는
올가을이면
내년 봄이면 파묻어버릴 사태가 아닙니다
1백년 내내 애도해야 합니다
죽은 꽃들을 그 앳된 초록들을
이 내 피눈물의 새끼들을 망각을 물리치고 불러내야 하겠습니다
허나 지금
아 이 나라는 울음 복 울부짖음 복이 터진 나라입니다
이 나라는 분노의 복이 터진 나라입니다

내 새끼야
내 새끼야
내 새끼들아

꽃들에게

강 정 숙

연두로 갈아입은 거리의 나무들과
무더기무더기 싱그럽고 환한 풍경 너머
너희가 없어 너무 슬픈 오늘,
애타게 불러본다

꽃들아! 열여섯 아름다운 사람의 꽃들아!
다시 피어주렴, 다시 웃어주렴,
너희가 있어야 우리 모두
이 거대한 슬픔의 수위를 넘을 수 있으니
꽃들아 어여쁜 꽃들아
와 주렴,

겉으로만 빛나는 저 차디찬 바다를 박차고 돌아와
집단적 공황에 빠진 온 나라 엄마 아빠들을 구해다오.

피어서, 붉게 피어서만 아름다운 게 아니란다
떨리는 이파리와 비틀거리는 꽃대라도 좋으니
오늘 혹은 그 다음의 오늘이라도

꽃들아, 와 주렴
와서 눈물을 닦아 주렴

이 못나고 거짓 많은 어른들을 꾸짖기 위해서라도
너희는 돌아와야 한다
캄캄한 땅 속에서
싹트고 잎 내밀어 뿌리를 키웠듯이 꽃들아
기적보다 더 큰 힘으로 견뎌내어
어두운 이 계절을 밝혀주렴
단 한번이라도 좋으니 이 땅을 디뎌 주렴

그리운 꽃들아!

고요라는 이명

권 오 영

바닥에 부딪히고 깨졌다 비가 왔다 온다 밀도 있게 움직이는 물방울들 속속 바닥으로 사라진다 바람은 이리저리 뛴다 수직으로 떨어진 해가 비명을 지른 지 오래다 나무들이 비를 불러들여 바람을 잠재우려 한다 잠들지 않으려 온 힘으로 퍼득거리는 새들 날개 젖지 않는다 목련이 겁도 없이 무궁화나무에 투신한다 너무 많은 비명이 민요로 불린다 불연속적으로 추락하는 꽃가루 뽀얀 계절을 불러 모은다

한동안 고요라는 이명이 들린다

손톱이 죽다

권 혁 재

문틈에 찧은 검지 손톱이
봉선화물 들 듯 시간이 갈수록
검붉게 독이 단단히 오른다
검지 주위로 번진 피멍이
손톱을 들추고 검은 낙점을
문신처럼 새겨 놓는다
검지를 도려낸 어머니의 대속을
지천명에 이르러서야 감당해내는
서글픈 아픔이 손톱 하나만 죽인다

뒤집힌 배 속에서 출구를 찾아
독한 바닷물을 숨통으로 들이마시며
손톱을 처참하게 죽였을 아이들
손가락에서 터진 핏발이 마지막 유서처럼
푸른 바다를 물들이며 번져 나간다
아이들을 차마 보내지 못한 부모들이
아이들의 꿈, 미처 하지 못했던 말들을

손톱이 문드러질 것 같은 오체투지로
땡볕을 기어가며 받는 참담한 대속
애틋한 아픔이 땅 속까지 닿는 듯
일어설 때마다 손톱이 하나씩 빠진다.

무극의 저녁

권 현 형

네가 사진 속에서라도 느리게 늙어가길 바란다

꽃사과를 씨앗까지 파먹은 화요일 오후
여자 대학 축제 첫날이었고 래퍼가 무대 위에
느닷없이 초가을 비를, 속도와 비트를 데려왔다

음식값을 지불하다 어느 식당 입구에선가
마주친 적이 있을지도 모를
익명의 사내들이 축제 바깥에서 맥주를 마시고 있다

축제를 뒤로 하고 그리도 빨리 네가 눈발처럼 사라진 게
실감나는 저녁, 랩의 클라이막스 부분에서
운동화 속 발가락을 소심하게 함께 까닭일 날은 다시
익명의 공기 속에서 건배는 생략하고 맥주 거품부터 마실 날은 다
시
오지 않는다

너는 어째서 인생의 절정을 구름 속에 빗방울 속에
숨겨버렸는지, 뭉텅 사라진 어느 도시의 아이들을 생각한다
나는 요즘 너무 자주 거리에 서 있다

문장가들은 문장을 버릴 듯
납득할 수 없는 죽음에 대해 한껏 분노한다
그리고 구름과 빗방울을 뒤적거려 생의 절정을 찾아온다
생의 절정을 지키기 위해 펜촉을 갈아 끼운다

여자 아이 하나가 다가와 고양이 때문이었어요, 라고
고양이가 열이 많이 나 결석했어요, 라고
속삭이는 바람에 멀리 있는 고양이의 이마를 짚어주는 대신
내 이마를 짚어보았다

차라리 모든 문장이
실외 주점에 앉아 선언을 선언하고 있다
미운 입을 들키지 않도록 활자에만 입을 달았으면 좋겠다

언니를 생각하기까지

금 은 돌

잠에 들다, 라는 문장을 쓰려다가 '언니' 가 생각나다

언니를 번쩍 들다, 언니가 햇볕에 들다, 언니가 길을 잘못 들다, 언니가 철이 들다, 언니가 감기에 들다, 언니가 시중을 들다, 언니가 총을 들다

언니가 들고 있던 것들을 적어보다

언니가 총을 들고 찾아오다 언니의 눈물은 탄창이 되다
언니와 나는 약간의 차를 마시고

각자의 총구를 물어보다
각자의 칼끝을 물어보다

각자의 적을 물어보다
언니가 가장 좋아하는 적은 가늠하기 어렵다

우리가 차를 마시는 동안
서로의 이름을 흥미롭게 발음해보고는

모든 것이 사실처럼 보였다
언니의 칼이 내 앞에 있었다

그린란드에는 창문이 없는 방이 있다고 한다

박은미 씨

김 선 향

1

팽목항에서
광화문 이순신장군 동상 밑에서
그녀가 쓰러져 통곡합니다

다윤이의 손가락 반 마디라도
금이 간 쇄골이라도
수습해야겠습니다

그녀가 남편 멱살을 쥐고
실성한 사람처럼 울부짖습니다

바닷속으로 들어가자구
이게 사는 거야?

2

매일밤 꿈에서 잠수부가 되어 먼바다까지 나아갑니다 굶주린 늑대의 눈빛으로 바다 밑바닥까지 샅샅이 수색합니다

3

우리 딸, 어디만큼 왔니?
엄마, 밤새 헤엄쳐 갈게요.

4

하룻밤이 지나면 천리만리 밖에 있던 다윤이와 오리십리는 가까워질 거예요 숨막히는 세상에 있는 우리 엄마, 탄식을 거두고 어떻게든 살아주세요 한번만 더 보고 싶어요 염소처럼 순한 엄마 눈빛을 한번만 더 안기고 싶어요 담벼락에 널린 이불처럼 따사로운 엄마의 품에

1*
-2014년 4월 16일, 세월호에 보내는

김 영 주

거기 아무도 없는 거니
보낸문자 읽은 거니

고래든
산호초든
고요 잠든 물살이든

누구든 좀 열어봐줄래
아직 거기 있다고

*카카오톡에 보낸 메시지가 읽히지 않은 상태

애장터

김 왕 노

세월호의 어머니들 죽은 자식 바다에 묻지 않았다.
산다고 거칠어진 돌밭 같은 어머니 가슴에 묻었다.
다시는 짐승 같은 세월 헤치지 말라고
천근같은 눈물, 눈물로 꾹꾹 눌러놓으셨다.

비 오면 비에 젖을까 눈 오면 눈에 덮일까
가슴을 옷섶처럼 꼭꼭 여미는 세월호의 어머니
무덤 지키느라 억장 무너지고 속이 다 상한 어머니
언제 애장터 위로 뻐꾸기 울고 칡꽃 향기 휘날리나

어머니 찾으면 언제나 애장터의 눈물꽃으로 있다.
짜디짠 소금꽃으로 피어나 있다.
죽은 자식 이름 부르면서 밤이슬에 흠뻑 젖어 있다.
죽은 자식 살리고 대신 애장터에 묻히려 하고 있다.

세월호의 어머니들 죽은 자식 결코 바다에 묻지 않았다.

별이 된 너에게

김 천 영

저물녘 둑방길을 걸으며
바람에 하얗게 부서지는
개망초 꽃을 보고 너를 떠올렸다면,
멀리 보이는 산들과
그 뒤로 사위어가는 노을을 보며
허전함에
왠지 모르게 바닥으로 추락하는 외로움에
눈물이 차올랐다면
그건 거짓이다

다시 사월은 잔인하게 오고
꽃잎은 흩어지는데
그런 밤을 뒤척이며
너를 떠올렸다면,
시내버스 정류장에 앉아
하루가 저무는 이 고독과 그리움에
손전화에 매달아 논

노란 리본을 만지작거리며,
무심히 지나는 사람들과
바람에 뒹구는 희미한 저녁과
아이들의 재잘거림에
눈물이 차올랐다면
그건 거짓이다

하지만
언젠가 내가
텅 빈 네 교실에 앉아
책상 위에 놓인 마른 꽃을 보며 약속한
멋진 세상을 만들겠다는,
네가 뛰놀던 운동장
회색빛 계단에 앉아
꼭 진실을 밝히겠다는
그 약속은 진실이다

세월호 앞에서

맹 문 재

명령으로부터 명령에 이르기까지
나의 봄이 아프다

책임자의 수칙도 상식도 부끄러움도
침몰한 지 오래

안내 방송도 구조 조치도 탈출구도
침몰 속에서 녹슬어간다

그림자조차 여전히 남은 채
내리는 명령
가만히 있으라

출항이 운다
아이들이 운다
하늘이 운다

나의 봄이 아픈 몸으로 운다

거리유세

박 설 희

울타리에 장미가 피어 있다
완고한 세상을 향해
피가 몰려 있다

사월엔 날마다 울어 부은 눈이었다
시시각각 뒤집히는 배를 바라보고만 있던 가슴이었다
오월 장미,
살아 있어 장미를 본다, 향기를 맡는다
얼굴로 몰렸던 피가 다시 전신으로 퍼진다

개화라 이르기엔 아직 겹겹의 꽃잎이 무겁다
꽃들의 충혈
누구도 책임질 수 없는 자리에 꽃은 피었다 지고

지지를 호소하는 소리들 무성한 거리에
열없는 박수와 환호
마지못해 내미는 손길, 슬며시 피해가는 발걸음, 희번득이는 눈동자

살아내는 일, 눈알이 뜨겁다
어둠 속에서 꽃잎에 이슬이 몰리는 이유를 알 것 같다
한 발만 더 딛고 올라서면 울타리 밖
장미의 목구멍이 길어진다

붉은 신호등이 깜박인다
흑점처럼 박힌 사람의 그림자가 나타났다 사라진다
더욱 태양도, 충혈이다

사월의 푸른 밤

박 완 호

오늘밤은, 카불 강가에 누워 안 보이는 별을 헤아리는 아프가니스탄 소녀의 젖은 눈망울이다

오늘밤은, 지진으로 무너져 내린 다라하라 타워의 모습이 대문짝만 하게 실린 신문을 손에 든 네팔 남자의 다문 입술이다

지진더미 속 스물 두 시간, 기적처럼 살아온 네팔 아기의 얼굴을 들여다보는 눈가에 미소가 잠깐 피었다 시들고, 귓속에선 가라앉는 세월의 안쪽에서 딱딱해지는 공기를 찢어가며 울어대는 비명들이 쟁쟁거리는,

사월에서 사월로,

이마의 붉은 글씨를 뽐내며 세상벼랑을 건너가려다 주저앉고 마는 발소리들, 구겨진 꿈들을 아무렇게나 쑤셔 넣은 종이박스를 끌어안고 선잠 든 이들의 머리에 내려앉는 하얀 꽃잎들,

오늘밤만은, 기우는 그믐달 너머 꺼지지 않을 꽃등이라도 환했으면 좋겠다

연좌제

박 해 람

사월과 오월은
연좌제로 묶여있다는 생각이 든다.

독재는 가까운 것들을 한데 묶어 족치길 좋아한다.

사월과 오월은 참 가깝다. 시민군들의 시체를 수습하고 닦던 여고생과 아직도 물속에 은폐되어 있는 여고생이 닮아서 망월동의 오월과 팽목항의 사월이 닮았다. 울부짖는 부모들이 닮았고 오월의 분노와 사월의 측은이 닮았다.

3월 다음에 5월이라고 우기는 여자와 4월 다음이 6월이라고 믿고 있는 어리석은 남자가 오빠동생 하며 무식하게 늙어가겠지만 위로할 줄 모르는 여자의 뻔뻔한 낯짝과 발뺌하는 남자의 번들거리는 대머리와 귀태鬼胎들의 추악醜惡이 닮았지만

우리는 슬픔으로, 위로로, 투쟁으로 묶이는 연좌를 기꺼이 좋아한다. 그러니 묶어라, 알량한 권력과 낡은 이데올로기와 급급한 쇠사슬이 모두 동날 때까지.

그리고 너희들은
너희들이 자초한 자초를 감당해라.

#0416
-세월호

서 정 화

1.
이름 대신 전화번호가
모니터에 떠오른다

아, 아, 아 노란나비들
모음으로 갇혀 운다

두 눈만
꿈뻑꿈뻑대는
허허바다 건너간다

2.
무대 앞 커튼 속에
회전접시가 빙빙 돈다

토막 난
썩은 고등어
비린내가 진동하고

오래된
도마의 칼금
새겨져 있어
나는, 쓴다

나는야 술래

성 향 숙

찾았다 구름
찾았다 나비
찾았다 노란 잠수함

열한 개의 눈동자를 물속에 두고 나온 후
매일 밤 열한 개의 두리번거리는 눈빛들과 술래잡기를 한다

벽과 냉장고 사이의 구름을 어르고 달래
엄마한테 가자 아빠한테 가자
문틈에 낀 나비를 어루만져
친구한테 가야지 꽃에게 가자

아마 나는 아직도 어린가봐 그런가봐
밤마다 엄마야 부르며 울었다

엄청나게 큰 구름과
엄청나게 큰 나비와

엄청나게 입 큰 노란 웃음과 울음과
눈을 감으면 너무 밝고 거대하게 가깝게
엄청나게 큰 새가

날 찾아봐
날 찾아와
날 찾아줘

못 찾겠다 꾀꼬리, 나는야 술래

그는 사라진 새의 날갯짓을 좇아
죽음 속으로 들어갔다

세월호 침몰과 함께

양 정 자

가만히 있으라, 가만히 있으라, 삼백여 명
갇힌 단 한 사람도 구하지 못하고 무참히 수장시켜버린
세월호의 끔찍한 기억을 어찌 잊으랴
살아있는 우리들, 평생 씻을 수 없는 죄인들입니다

참담한 부끄러움과 자책감으로 말을 잃은 채
세월호 침몰과 함께 우리 국민들은 모두 침몰했습니다
성장과 자본의 탐욕에만 눈멀어
온갖 부정과 비리와 부도덕의 온상이 돼버린 이 나라
대한민국은 바로 부정과 비리로 썩은 세월호 꼴입니다

큰일 펑펑 터질 때마다 모든 책임 회피하고
교묘한 변명과 핑계로 세월호 선장처럼
도망치기 급급했던 우리나라 훌륭한 지도자들

불통과 오만의 이 나라 대통령은 국민의 대통령이 아니고
친박만의, 측근만의 대통령이십니다
대통령의 비위와 안위만을 눈치 보며 쌈박질하는 여당 국회위원들

권력의 시녀와 노예인 검찰들, 모든 권력자들에게
국민은 눈먼 개돼지에 불과합니다

걱정하지 마십시오
어마어마한 미르 · 케이 스포츠재단 의혹 사건, 민정수석 사건도 조만간
정권 입에 꼭 맞게 잘 덮어질 것입니다
유신시대, 군사 독재시대에나 있었던
만여 명이나 된다는 문화예술계 블랙리스트

아무리 안면 몰수, 철벽 방어 한다한들
언젠가는 터져나오고야 말 이 나라 만연한
음습한 검은 비밀들과 의혹들과 무성한 소문들

우리 국민들은 모두 희망을 잃은 채 신음하고 있습니다
나라 꼴을 보십시오, 휘청대는 망한민국을

아직도 진상규명이 이루어지지 않고 있는 세월호 사건
세월호 사건은 잊혀져야 할 과거의 일이 아닙니다
더불어 해결해야 할
오늘의 이 나라 급박한 문제입니다

아, 망한민국, 끔찍한 헬조선이여
우리는 지금도 세월호처럼 무참히 침몰하고 있습니다

그 봄은 끝나지 않았습니다

용 환 신

산천이 웁니다.
사람들이 웁니다.
천리 밖 땅끝에서
저잣거리 그늘에서
봄바다에 빠진 설움
가슴에 건져 올리며,
가을비에 짓밟힌 낙엽
책갈피에 씻어 담으며.

울음도 깊으면
사상이 됩니다.
떠돌던 넋두리 붙들고
공허한 웃음 잡아주는
살아 있는 길이 됩니다.

오늘도
가시덤불에 갇힌 산천

밤길에 멈춘 발걸음,
찬바람 불지만
그 봄은 끝나지 않았습니다.

꽃이 우는 소리

우 대 식

밤의 소리에 귀를 기울인다
모두 붉게 피어버린 꽃
그 꽃이 우는 소리
발 없는 꽃이 천리 만리
말달리는 소리
유월의 언저리를 향해 비를 몰고 오는 소리
검붉은 어둠과 빛 사이로
다시 태초로 돌아가는 소리
귀를 기울인다
세상의 모든 양서류들이
밤을 흔든다
평화 혹은 혼란
바람에 흩어지는 말갈퀴처럼
마음은 온 사방으로 빗줄기처럼 흩어진다
사방이 젖어가는 소리
꽃이 떨어지는 소리
눈물방울을 굴려 눈사람이 되는 소리

절망의 사원을 밝히는 눈빛들

이 덕 규

사월 십육일 이후 나는 기도를 버렸습니다
꽃잎을 시새우는 사월의 싸늘한 바람 한 자락을 붙잡고 엎드려 막무가내 매달리던
'희망'이라는 허망한 단어를 수습해 장사지냈습니다
그리고 나는 캄캄한 사월의 바다 밑 거센 조류 한 가운데로 침몰한 절망의 사원으로 걸어 내려갔습니다
사월 십육일 이후, 거기에는 전 국민이 피눈물로 만든 내 새끼들이 발을 구르고 있습니다
공포와 고통과 분노의 시퍼런 칼날 위에서
전 국민이 피눈물로 만든 내 새끼들이 뛰고 있습니다

사월 십육일 이전의 대한민국과
사월 십육일 이후의 대한민국은 같은 나라입니다
그러나, 사월 십육일 이전의 국민과
사월 십육일 이후의 국민은 다른 국민입니다
이제 가만히 있지 않겠습니다
언제나 시키는 대로 얌전하도록 수시로 맞아온 자본과 권력의 달

콤한 백신 주사를 이제 거부하겠습니다

그리고 기득권을 지키기 위해 손바닥으로 하늘을 가리는 권력과 자본의 온갖 협잡과 음모와 폭력이 횡행하는

이 나라의 온갖 부조리를 저 거센 맹골수도에 처박아 침몰시키겠습니다.

그리고 그렇게 침몰하는 나라에게 가만히 있으라 하겠습니다

그리고 우리 국민들만 감쪽같이 탈출하겠습니다 그리고, 그리고 그런 나라는 우리도 더 이상 구조하지 않겠습니다

그런 국가는 영원히 바다 밑에서 추위와 공포에 떨게 하겠습니다

이제 먼저 간 우리 아이들이

가만있지 않고 그런 파렴치한 어른들의 나라는 세상에서 가장 어둡고 추운 바다 밑으로 유인할 것입니다

이제는 살아남은 아이들이 자라서

그런 고장 난 국가는 고장 난 '세월호'에 태워 망망대해로 밀어낼 것입니다

그동안, 우리가 가만히 있는 동안

그 광포한 이윤 주구의 바람에 떨어진 그 여린 꽃잎 한 장 한 장의 공포와 고통과 비명의 생생한 기록들이

한 권의 책으로 묶여 전 국민의 가슴팍에 꽂혔습니다 밤마다,

밤마다 전 국민이 그 책을 꺼내 아리고 쓰린 목숨의 페이지를 넘기며 소리죽여 웁니다

이제 울지 맙시다

음습한 권력과 자본의 그늘에 가려진 불감과 적폐의 캄캄한 터널을 빠져나갑시다

각자, 눈에 불을 켭시다

각자, 청맹과니 눈을 떠, 각자, 일만 촉광에 빛나는 의식의 불을 켜고 이 나라 어두운 구석구석을 샅샅이 살핍시다

하여, 생명의 안전보다 이윤을 먼저 고려하여 인간에 대한 존엄과 자존을 겁박하는 장사치와,

그들과 담합하여 부정과 부패로 얼룩진 관료사회와,

그들 곁에서 사실을 의견처럼, 의견을 사실처럼 날조하는 어용 언론들의 거짓선동을 낱낱이 밝혀내 단죄합시다

그리고 그동안 소외되고 버림받아 지쳐 쓰러진 노숙의 진실들을 일으켜 세웁시다

그 어두웠던 진실의 맨얼굴들을 찬물에 말갛게 씻겨 사람이 우선인 나라의 누리를 밝히는

등불로 씁시다 그리하여 오늘, 긴 울음 끝에

비로소 유월 숲속 깊은 샘물처럼 형형해진 우리들 눈빛들이

저 아우성 끝에 지쳐 누운 절망의 사원을 밝히고 나아가 먼먼 사람의 미래를 비추는 불빛들이 됩시다

로드킬

이 선 균

수만 마리 두꺼비 행렬이 고속도로를 건너는 밤이다.

무의식 속 회로도 따라 제 핏줄 찾아가는 울음주머니들, 레미콘 트럭이 무참히 짓밟는 밤이다.

지나가지 못하는 피울음들에게 캡사이신 물대포를 분사하는 밤이다.

물대포를 맞은 어미들이 플라스틱 생수통 콸, 콸, 콸 쏟아부어 빨간 눈알을 씻어내는 밤이다.

빨간 눈알들이 흰 차벽을 뚫는 밤이다.

차벽 너머엔 더 높은 철벽이 첩첩

인면수심의 봄을 바다에 밀어넣는 밤이다.

짓밟힌 울음주머니들 콘크리트 바닥을 오체투지 진군하는 밤이다.

참척

이 정 원

초경의 꽃다발

모가지째 졌다

피지 못해 더 붉었다

비린내가 났다

노란 리본도 죄스러웠다

처박힌 고개가 뻘 속으로 기울었다

울음의 갈고리들 단단히 묶어야 했다

피로 쓴 글자를 허공이 지웠다

수심水深 깊이 수심愁心이 쌓여갔다

봄을 짓이기고 싶어 멍치를 쳤다

바다는 앙다물었고

세월은

곤두박인 채

칠흑으로 암담했다

공기 속에서

이 진 희

폐와 부레의 형성 기원을 생각한다
코와 아가미의 전혀 다른 형태를 생각한다
부러진 손가락과 부드러운 지느러미가 생각난다
가까스로 살아난 이들의 상처 입은 심장과

끝내 돌아오지 못한 이름들의
생년월일 성별 직업 인종 국적 고향 마을
좋아하던 색깔과 노래 동물 첫사랑
부모형제 친구 이웃 동료들을 생각한다
지구는 둥글다

살아 있어서, 사람이라서
오른쪽으로 23.5도 기운 채 자전하는 지구와
왼쪽으로 기울어 가라앉은 배를
그 안에 끝까지 얌전히 앉아 있어서 살지 못한 이들을
아무래도 생각하게 된다, 울면서

비슷한말과 반대말을 가르는 기준은 누가 정했을까
아픈 말과 말 같지 않은 말이 생각난다, 하염없이
둥근 공과 평화의 상관관계에 대해서는 갸우뚱한다

물속에선 곧장 물고기가 되었으면
두 다리가 스르륵 뗄 수 없이 엉겨 붙어버리고
공기 방울뿐인 말밖에 할 수 없게 되더라도
세상에서 가장 아름다운 비늘과 지느러미를 가진
생명으로 헤엄쳐 멀리 사라진 것이라면

비참한 세계의 공기를 호흡해야 하지만 우리는
우리가 전혀 모르는 사이에
서른여섯 번째 사람*이기 위한 서른일곱 번째
사람으로서 살려고 애써야 한다

*이 세계가 망하지 않고 존재하는 이유를 유대문화에서는 36명의 의인이 세계의 고통을 모두 흡수하기 때문이라고 한다. "의인 하나가 죽으면 다른 의인이 나타나 36의 숫자를 채운다"고. 도정일의 『쓰잘데없이 고귀한 것들의 목록』에서 인용함.

묻다
-2014년 4월 16일의 세월에게

이 향 란

Ⅰ

꽃과 새가 노닐던 4월의 봄 바다
그 바다의 남쪽으로 향하던 한 척의 순정

사실은,
꽃이 지기 전에 새가 울기 전에
말하려 했었다

바다의 대지에도 연두 잎 돋고
꽃들은 주야장천 피고 있으니

세월아 너 정말 근사하다고
그런 세월을 살고 있어 참 행복하다고

Ⅱ

사람과 사람과 사람들이
이름과 이름과 이름들이
갑자기 꽃과 새가 되어 어지러운 바다

언제쯤이면, 언제쯤이면 꽉 다문 심정을 열어
그 날 그 바다 그 순간에 대해 털어놓을 건지

너무 아파 도저히 쓰고 싶지 않은
이 한 편의 시를 쓰며
세월에게 묻는다

수장된 또 하나의 세월과
울먹울먹 떠도는 바다 위 짙푸른 얼룩들을

노랑손수건

이 혜 민

살려주세요 살려주세요 갈기갈기
방조대 난간을 부여잡은 찢겨진 현수막이 젖은 몸으로
바람과 맞서 싸우며 몸부림을 치고 있었지
바다의 비늘이 되어 수면 위를 떠돌고 있는 삼백네 명
싯푸른 넋들이 몸을 파르르 떨 때마다
한 쪽 팔이 떨어져 나간
한 쪽 눈알이 빠져 나간 건너편
까맣게 그을린 주근깨 함빡 핀 현수막도
시멘트 바닥을 퍽퍽 머리로 들이박으며
쉰 목소리로 울부짖었어
얘들아 어서 나오렴 거긴 너무 춥잖니
붙들고 있는 손아귀 힘이 점점 빠져 나가는 걸까
등 뒤에서 밀어 붙이는 바람의 막강한 권력 탓일까
현수막도 노란 리본도 풍경소리마저도 왁자지껄
소리가 끊어진 걸 알지
귀 막고 눈 막은 바람의 뒤꼭지를 낚아채려고
손톱 빠지도록 목청 터지도록 씩씩거리며

낡아빠진 현수막들만 바다 끝 허공을 향해
용트림을 하고 있었지
숨이 막혀요 눈앞이 깜깜해요
팽목항에 찾아가서 본 사람을 알지
줄초상 앞에 떼지어 문상을 온 바닷속 물고기들도 차마
물속으로 돌아가지 못한 채 주저앉아
벙어리처럼 입만 뻥긋거리고 있었어
거긴요 너무 춥고 무섭데요

시간여행 속으로
–단원고 허유림

임 덕 연

쫓겨 가는 배경으로 바삐 걸음 걷는 어린 유림
사극 출연 경험만으로도
넌 역사 과목을 좋아했지.

까르르 목젖까지 보일 정도로 웃는 초등 유림
'뚱딴지', '꺼벙이' 같은 행동을 할 정도로
넌 만화책을 좋아했지.

내가 남자라면 너랑 사귀었을 거야
다솜이가 고백할 정도로 넌 예뻤지.
보컬 트레이닝 동아리에서 빅마마의 '체념'을 즐겨 불렀지.
'폴라리스' 과학 동아리에 꿈을 키웠지.
진짜 하고 싶은 일은 인터넷 온라인패션몰이었지.

이소진 김민정 박선영 허유림은
Don't/ forget/ to/ remember

한 단어씩 반지에 새겨 끼고
잊지 않는 역사를 만들어 가는
친구들

모두 시간 여행 속으로
잊혀지지 않는 역사 속으로
여행을 떠났지.

성인금지구역

임 희 구

어른들은 싹수가 노랗다
싸가지가 없다는 말이다
싸가지가 없으니까
아무 데나 나다니지 못하게
꽁꽁 묶어놔야 한다
꽁꽁 묶어 놓고
찬찬히 보호관찰을 해야 한다
풀어놓으면 볼썽사나워져서
아이들 정신건강에 해롭다
미래가 없는 어른들이니
희망은 아이들만이 가질 수 있는 것
하여 날이면 날마다
아이들의 미래를 훔치고 있는 어른들이
버릇없이 아이들을 가소롭게 본다
누가 정말 가소로운 것인가
싹수가 누렇게 떠서 똥인지
된장인지 구분도 못하는 어른들아

볼썽사납게 나대지 마라
파릇한 아이들의 꿈을 뭉개지 마라
부정 탄다

팽목항의 아침

정 수 자

비죽이 어린 새가 흐린 하늘을 울고 가매

해는 또 떠오르건만 못 떠오른 얼굴들을 팽목이 다 헐도록 같이 부르다 주저앉는데 파르르 노란 리본에 겹쳐 떠는 어린 손들 들이치는 물소리에 울며 나른 카톡들이 자명고自鳴鼓를 문초하듯 신문고申聞鼓를 심문하듯 벼락을 다시 치네

거기도 아침이 오더냐고
사람 사는 나라냐고

갑오실록
–윤 구월 초이레 인터넷本

정 용 국

아고라를 에돌아 온
비루한 어가 행렬이

웹툰을 비웃으며
검색어를 뒤지고 있다

효수할
일곱 시간*을
공덕비처럼 모시고

*2014년 4월 16일 오후

마더

조 동 범

그곳은 이국의 해안가가 아닙니다. 휴양지의 빛나는 태양도, 아름다운 파도도 그곳에는 없습니다. 정박할 수 없는 여객선만이 침몰을 거듭하고요. 익숙한 듯 파도는 밀려오고 물러나지만, 당신이 바라보는 바다로부터 당신의 세월은 말라버린 서글픈 자궁이 됩니다.

수장된 오전으로부터 당신의 최초는 더 이상 사라지고 없습니다. 해안가에는 죽어버린 물고기 떼가 눈물도 없이 피어오르고, 깊은 바다를 기억하는 발자국만이 첨벙첨벙, 문득 뒤를 돌아, 당신을 바라보고 있습니다. 당신은 썰물처럼 빠져나간 자궁을 흐느끼며, 잉태하지 못할 미래를 예감합니다.

해안선을 따라 바람은 초조하고, 수많은 당신들은 눈물을 흘리며 되돌릴 수 없는 세월을 흐느낍니다. 세월이 흐르면 죽음에 이르지 못한 자들의 무덤에도 꽃은 피어오르지만, 수많은 울음들은 이윽고 사라지고 영원히 잊히지 않습니다.

방파제 위에 한 여자가 앉아 있습니다. 등대를 바라보며 한 여자는 죽음에 이를 수조차 없습니다. 세월을 어루만지며 한 여자는 텅 빈 자궁을 흐느낍니다. 그리하여 수많은 한 여자의 가슴에서 죽어버린 아이들의 울음은 영원토록 서성입니다. 수많은 한 여자들의, 단 하나의 심박이 두근거리며

여전히 수장된 과거를 흐느낍니다.

그 바닷가 노란 리본처럼

차 옥 혜

화창한 아침 바다인데
느닷없이 기울어진 배

승객들에게 구명조끼 입고
가만히 있으라 하고
몰래 빠져나간 선장과 선원만 구하고
가만히 기다리는 승객들
수학여행 가던 고등학생들
침몰하기 전 구할 시간 있었는데
아무 일도 하지 않고 구경만 한
해경
방치한 국가
이게 내 나라인가

달이 가고 해가 바뀌고 일 년이 지났어도
돌아오지 못한 넋들
인양되지 못한 배

진실을 밝혀 억울한 넋을 위로하고
안녕한 세상 세우고 싶어
거리에서 막힌 벽 뚫으려고 줄기차게
애간장 녹이는 유족들
양심 있는 시민들

나는 조시 한 구절도 못 올리고
그 바닷가 노란 리본처럼
하염없이 바람에 나부끼며
왜? 왜? 왜?
묻고 또 묻는다

풍경들

최 기 순

나뭇가지 노란 리본들 색이 바래자
슬며시 인적 드문 길을 덮는 덩굴손들

아이들 코로 입으로 소금물이 들어차고
숨을 막을 때
성대하게 꽃을 피워 올리던 벚나무
열매들 농익어 붉다

위로와 약속의 말들이
만국기처럼 펄럭이는 추모공원
그날의 귀먹은 바다처럼 조용하다

시간은 모서리들을 마모시키고
세월호가 어느 별에 정박해 있는지
더 이상 궁금하지 않은 구름들
동으로 서로 흩어져 간다

바람이 부는 쪽으로
붉게 입을 벌리는 꽃들의 발치에서
벌렁 뒤집힌 풍뎅이 한 마리
필사적으로 붕붕거린다

백지위패
–세월호 아버지의 목소리로 쓴 시

하 상 만

네가 살아 있다고
내가 믿고 있는 한
저 위패에
이름을 쓸 수 없다

영원히 이름을
적고 싶지 않지만

그만 보내고 싶다고
엄마는 말하는구나

캄캄하고
추운 곳에서
얼마나 무섭니
누가 너를
구해줄 것 같지 않구나

그렇게 엄마는

절망하고 있구나

손가락이 골절된
네 친구들의 주검을
보았다
그건 무슨 흔적이었을까
너도 같은 상처가 있겠구나

간절히 기다리고 있을 텐데
아무도 너를 꺼내지 못했다

미안하다
기다리고 기다릴 텐데
선생님을 기다리고
대한민국 군인과
경찰을 기다리고
나를 기다릴 텐데

나는 그저 바다만 보고 있었다
하늘에서 터진
그 많은 조명탄은
무엇을 밝혔던 것일까

미안하다

네 마지막 전화를 받지 못했다

맹골수도

한 구 연

겨울이 혹독하면 분노한 가지마다 흐드러지게
배꽃이 핀다고 했다
그해 배꽃은 흐드러지게 피었다

아직은 이른 시간 좌초 중이나
전원구조에 한시름 놓는 사이
맹골수도의 아이들은 알 수 없는 시간 속으로 빠져들었다

석연찮은 최고 권력의 일곱 시간은
맹골수도 거친 물살마저 환상 속으로 끌어들이고
사람들은 온통 정신이 나간 채 바다를 향해 통곡했다

바짓가랑이를 붙들고 살려달라고 애원하지만
"가만히 있으라" 아무 것도 하지 마라
사진을 찍고 눈도장을 찍고
엄마의 눈물이 바다로 흘러들고 권력은 라면을 먹었다

아이들은 엄마의 눈물 속에서 나머지 공부에 열중하는지
돌아올 기미가 없는데
이제 그만하자며 학교 종을 치는 매정한 사람들
가라앉은 배 안에서 논공행상 중이다

올해도 배꽃은 흐드러지게 피었다

7

한 우 진

I

무섭다
운다
기도한다
엄마를 부른다
어둡다
춥다
물이 지나간다

II

무서웠다
울었다
기도했다
엄마를 불렀다
어두웠다

추웠다
물이 지나갔다

Ⅲ

얼마나 (무서웠을까)
얼마나 (울었을까)
얼마나 (기도했을까)
얼마나 (엄마를 불렀을까)
얼마나 (어두웠을까)
얼마나 (추웠을까)
얼마나 (물이 지나갔을까)

Ⅳ

우리는 정부를 느낀다
우리의 책임은 무책임한 정부를 느끼는 것이었다
얼마나! (우리는 **무능한** 정부를 느끼고 있는 것일까)

Ⅴ

101_ 분침, 달팽이관을 찢는
304_ 이름, 서로의 망막에 담는
9_ 이름, 미뢰 味蕾

410_ 철근, 코피
172_ 이름, 살갗이 닳도록
7_ 제 칠감七感, 푸른 기와를 끼얹은
7_ 육감, 우리가 믿지 않는 시간, 시에드미오고진니siedmiogodzinny

Ⅵ

"움직이지 마시오!" 우리는 단체사진을 찍기 위해 카메라 앞에 모여 있었던 것이 아니다. "이동하지 마시고 안전하게 대기하시기 바랍니다." 우리는 치과병원의 전기치과 의자에 누워 있었던 게 아니다. 우리는 기울어 뒤집히는 배 안에 있었다. 정부는 모든 멀미하는 시민을 향해 이 말을 한다. "이동하시면 위험합니다. 움직이지 마시오!"

Ⅶ

(아직도) 무섭다
(아직도) 운다
(아직도) 기도한다
(아직도) 엄마를 부른다
(아직도) 어둡다
(아직도) 춥다
(아직도) 물이 지나간다

이제 다시는 묻지 않으리
-시천주 2014년 4월 16일

홍 일 선

길섶 풀 한 포기
외진 곳 몽돌 하나이
응달 습생들 벌레 한 마리
함부로 대하지 말라는
공경의 말씀 이 땅에 누대로 계셔서
은빛 갈대들이 기꺼이
마을숲이 되어 주었던 강마을
앉은뱅이꽃으로 만든 집울타리
아기들 옹아리도 뉘엿뉘엿 지는 노을도
그 마을 저녁 연기 만나 지극했으리라
그러하온데 갈대숲 너머
단양 쑥부쟁이들이 스러지던 봄날

연둣빛 신생의 아픔이 그믐달처럼
그 집을 찾아주신 것
이기지 못하고 늘 지는 것들 쓰라린 것들

그것들 슬픈 눈빛들이야말로
온 생명 보듬어 안아야 할 대덕이시라고
어머니시라고 그리운 님이시라고
한 농부에게 조용히 일러주신 것
그 농부 그믐달이 이슥한 마당에서
그리하여 흙님 숲님 강님 햇빛님 곡식님께
삼가 무릎 꿇어 삼배 올린 것
하늘 아래 생명 가진 것들에게는
하늘님이 계시다고 그 농부 믿게 되었을 것이다

산천 오랜 기다림들이
꽃망울 터뜨리는 봄날
2014년 4월 16일 봄날
그 집에선 어미닭들
줄탁동시 산고가 있더니
병아리들이 세 마리 다섯 마리
아홉 마리 열네 마리
목숨의 꽃들을 꼬옥 보듬어안아
하늘을 바라보고 있었던 것이다
거룩한 봄날을 뵈옵고 있었던 것이다

아하 그러하온데 진도 어디라 했던가
어여쁜 꽃들로 가득 찬 배가 침몰하고 있다는
청천벽력의 소리가 들려왔던 것

울음이 그리고 간절한 기도가 들려왔던 것
그 집 갓 태어난 병아리들도 들었을 것이다
앉은뱅이 꽃울타리 홍씨도 들었을 것이다
못자리 물을 대던 이장도 들었을 것이다
아욱 씨를 파종하던 새마을 지도자도 들었을 것이다
비닐하우스를 손보던 김씨도 들었을 것이다
배꽃이 영 글렀다고 한숨 짓던 배씨도
밀린 사료값 때문에 밭 한 두락 내놓은 황씨도
사대강 공사가 끝난 뒤부터 양수장 물이 말랐다고
투덜대던 강씨도 들었을 것이다
우리 동네 사람들 모두 들었을 것이다
살려달라는 소리 들었을 것이다
어머니가 보고 싶다는 소리도 들었을 것이다
대저 에프티에이가 무엇이기에 난리를 치는 거냐고
묻고 또 묻던 구 노인회장도 들었을 것이다
대처 나가 사는 아들 내외 온 김에
땅콩이며 강남콩 옥수수까지 심어 한 시름 놓았다는
홀로 사는 충주댁 할머니도 들었을 것이다
부녀회장 집 당나귀 다정이도 들었을 것이다
언평 벙어리 내외도 들었을 것이다

오호라
거룩한 봄날
꽃 피는 봄날

소용없는 그리움이었을까
처음부터 부질없는 비나리였을까
이 나라 귀태鬼胎들의 시간 어디였을까
가여운 가여운 팽목항에
붉은 동백꽃들이 하나씩 하나씩 질 때
마침내 우리나라 꽃이 다 질 때
밭에서 일하는 게 큰 죄를 짓는 거 같아
일찌감치 집에 들어와 귀 세우는 시간
앉은뱅이 꽃집 어미닭의 7시간은
지극한 생명의 시간이었는데
꽃이 지기 시작한 오전 아홉 시부터
꽃이 가뭇없이 진 오후 다섯 시 그때까지
거룩한 생명의 시간이었으리

이제 다시는 박근혜 그에게 묻지 않으리
오늘부터 쓰러진 것들에게 물으리
아픈 강물에게 물으리
시든 풀들에게 물으리
깨진 몽돌들에게 물으리
쓰라린 생명들에게
공경의 말씀으로 물으리
쓰라린 것들끼리 울으리
공경의 말씀으로 울으리
누구는 봄날이 간다고 설워하기도 하지만

이 땅 또 찾아주신 붉은 진달래꽃이 고마워서
시천주로 고요히 호명하노니
봄날 어린 꽃들이여
우리나라 꽃들이시여

■해설

세월호에 묻은 얼굴들

–4월의 비극과 그 비극의 인양을 위하여

전 해 수

매우 비참한 사건을 우리는 비극悲劇이라 부른다. 그러나 비극은 원래 무대에서 주인공의 파멸과 죽음을 다루는 극의 형식이었다. 연극 무대에서나 가능할 일이 우리가 발 딛고 있는 이 세계에서, 이토록 참담하게, 발생하리라곤 정말 '믿지' 않았던 것인데, 비극이 자주 현실이 되는 사태 앞에서, 비극은 이제 우리 사회에 만연해 있는 사실事實이 되어가고 있다.

세월호 참사는 그 중에서도 가장 비극적이다. 여객선의 침몰로 304명의 사상자가 발생했고 아직도 9명의 시신이 수습되지 않았으며 침몰된 배의 인양은 요원한 상태이다. 사건 발생 이후 3년이 되어가는 현재에도 제대로 된 원인 규명을 하지 않는 기득권의 태도에서 더욱 깊은 좌절과 슬픔에 휩싸인 사건. 2014년 4월 16일 이후 대한민국은 무정부사회에 버금가는 혼란과 불신, 좌절과 분노의 목소리가 천지에 울리고 있다. 그것은 무능한 정부에 의해 철저히 배제된 국민의 절규이기에 더욱 비극적이다.

그렇다. 대한민국 최고 수장의 무능과 무책임이 만천하에 밝혀지면서 그 비극의 정도는 엄청난 파장으로 지금도 우리에게 휘몰아치고 있다. 연일 계속되는 200만 촛불시위는 대한민국의 비극적 현실에 대한 재연임에 분명하다. 이 비극은 3년 전 밝히지 못한 세월호의 긴박했던 7시간 안에서 더욱 분명한 실체를 띤다. 그 시간 암전暗轉이 된 대통령의 행보도, 비선의 실체가 밝혀진 최근 사건과 관련이 있는 것이었기에, 어처구니없는 의문의 대답이 되었다. 초기 대응 7시간…. 인명人命에 무방비상태였던 잃어버린 7시간…. 세월호 탑승객 304명의 죽음은 그렇게 어처구니없게 우리 곁을 떠난 것이었다.

지금 나라초상입니다
얼굴도 모르는 상감마마 승하가 아닙니다
두 눈에 넣어둔
내 새끼들의 꽃 생명이 초록 생명이
어이없이 몰살된 바다 밑창에
모두 머리 박고 있어야 할 국민상 중입니다

(중략)

못 박아야 하겠습니다
이 사태는
올가을이면
내년 봄이면 파묻어버릴 사태가 아닙니다
1백년 내내 애도해야 합니다

죽은 꽃들을 그 앳된 초록들을
이 내 피눈물의 새끼들을 망각을 물리치고 불러내야 하겠습니다
허나 지금
아 이 나라는 울음 복 울부짖음 복이 터진 나라입니다
이 나라는 분노의 복이 터진 나라입니다

내 새끼야
내 새끼야
내 새끼들아

–고은,「이름 짓지 못한 시」 중에서

'1백년'의 애도로도 부족할 이 슬픔과 이 분노는 '국민 상'에 버금가는 비극적 사태에 다름 아니다. '내 새끼들의 꽃 생명'이 '어이없이 몰살된 바닥 밑창'에 아이들이 아니라 이 나라의 어른들이 '모두 머리 박고 있어야 할' 기가 막힌 '나라 초상'은 3년간의 애도로 끝날 일이 절대 아닌 것이다. '1백년 내내 애도해'도 슬픔이 떨쳐지지 않을 억울함과 분노를 시인은 격한 감정의 분출로 그대로 드러내면서 시詩마저 그 이름을 짓지 못하여 시의 제목을「이름 짓지 못한 시」라 칭하고 있다. 주권이 없어 나라를 잃은 것도 아니건만, 국민을 보호해야 할 국가가 부재한 이 참담하고도 참혹한 재난 앞에서 도저히 그 무엇도 이름을 지어 부를 수 없는 시인의 막막한 마음이 과연 치유될 수 없는 지경에 이르고 있음을 보여주는 것이다. '울음'과 '울부짖음'과 '분노'에 차 '내 새끼야 내 새끼야 내 새끼들아'를 목 놓아 부르는 것만이 오로지 우리가 할 수 있는 '통곡'에 불과하다는 것이 더욱 큰 슬픔과 분노를 야기한다.

명령으로부터 명령에 이르기까지
나의 봄이 아프다

책임자의 수칙도 상식도 부끄러움도
침몰한 지 오래

－맹문재, 「세월호 앞에서」 중에서

수학여행 길에 돌연 죽임을 당한 세월호 탑승 아이들이 남긴 '봄'은 '비극의 봄'이 되었다. '4월은 잔인한 달'이라 했던 영국의 시인이 히아신스 잎을 떼어내듯이 그 꽃잎처럼 우리의 아이들이 스러졌다. '명령으로부터 명령에 이르기까지' 모든 명령의 처음과 끝은 온전히 거짓이었다. 어처구니없는 거짓명령이라니! 그 명령에 의한, 명령을 위한, '침몰'만이 남겨져, 아이들은 사라지고, 4월의 봄도 사라지고, 우리에게는 멈출 수 없는 눈물만이 남겨졌다. 아무도 책임지지 않는 '세월호 앞에서' 끝없이 작아지는 '수칙', '상식', '부끄러움'…. 여전히 '우리의' '봄'이, 아프고, 아프고, 또 아프다.

①
사월과 오월은
연좌제로 묶여 있다는 생각이 든다

(중략)

3월 다음에 5월이라고 우기는 여자와 4월 다음에 6월이라고 믿고 있는 어리석은 남자가 오빠동생하며 무식하게 늙어가겠지만 위로할 줄 모

르는 여자의 뻔뻔한 낯짝과 발뺌하는 남자의 번들거리는 대머리와 귀태鬼胎들의 추악醜惡이 닮았지만

–박해람, 「연좌제」 중에서

②
사월에서 사월로

이마의 붉은 글씨를 뽐내며 세상벼랑을 건너려다 주저앉고 마는 발소리들, 구겨진 꿈들을 아무렇게나 쑤셔 넣은 종이박스를 끌어안고 선잠 든 이들의 머리에 내려앉은 하얀 꽃잎들,

오늘밤만은, 기우는 그믐달 너머 꺼지지 않을 꽃등이라도 환했으면 좋겠다

–박완호, 「사월의 푸른 밤」 중에서

'4월' 은 이제 사라졌다. '3월 다음에 5월이라고 우기는' 혹은 '4월 다음에 6월이라고 믿는', '사월과 오월' 은 꽁꽁 묶여 우리의 '봄' 은 이내 사라졌다. 어린 꽃들이 지면서 더 이상 꽃피는 계절은 오지 않게 되었다. 어리석고 무식하며 추악한 '낯짝' 과 '발뺌' 과 '대머리' 와 '귀태' 만이 남아 더 이상 '봄' 은 우리에게 오지 않게 되었다.

'사월에서 사월로' 사월은 또한 '그냥' 머물러 있다. 주홍글씨처럼 낙인을 '이마에 붉' 게 찍고 '세상벼랑' 을 순순히 내밀며, '구겨진 꿈들이 아무렇게나 쑤셔 넣은' 이 바닥 같은 세계에서, 그래도 사월을 기억하려는 몸짓들에 의해 한낱 '꽃잎' 을 '꽃등' 으로 밝히려는 여리고 여린 손길들로 사월은 '그대로' 여기에 머물러 있다. '오늘

밤' 은 그런 꽃잎에 불 밝히려는 애도가, 기원이, '꺼지지 않' 는 푸른 꽃등으로 시인에 의해 조용히 피어나고 있다.

그러나 4월은 이제 4월의 공공성으로 못 박혔다. 우리는 4월로부터 여전히 자유롭지 못하다. 4월의 비명에 귀 멀고 눈멀었다. 시인이 짓는 유일한 문장은 더 이상 눈도 귀도 아닌, '활자' 일 뿐이다. 그러나 선언의 '활자' , 그것은 시인이 '실외' 에 내건 '무극無極' 의 문장이라 할 수 있다.

차라리 모든 문장이
실외 주점에 앉아 선언을 선언하고 있다
미운 입을 들키지 않도록 활자에만 입을 달았으면 좋겠다

–권현형,「무극의 저녁」중에서

4월의 공공성에 못 박힌 대한민국의 현실에 대해, 그 '4월의 비명' 에 대해, 시인이 해야 할 아니, 할 수 있는 일은 무엇이던가. 위의 시인은 '우리에게 문장은 더 이상 눈도 귀도 아닌 활자가 되었다' 고 참담한 고백을 한다. 시인의 문자가 '활자' 일 뿐이라는 자기 반성적 선언은 매우 비극적이다. '차라리 모든 문장이 실외 주점에 앉아 선언을 선언하' 자고 말하는 것은 시인의 참회로서의 '문장' 에 의해 진정한 시의 길에 서고 있음을 자각하는 것을 나타낸다. '미운 입을 들키지 않도록 활자에만 입을 달' 아 저항의 민낯을 드러내고, 시인의 역할과 임무를 되새기고 있는 것이다. 비극적 사태에 대면한 시인이 할 수 있는 일이란 되돌아보면 '활자' 에 '입' 을 다는 '선언' 의 행위인 것이다. 이 행동적 지침은 '무극' 으로 표상된다.

내가 살아 있다고
내가 믿고 있는 한
저 위패에
이름을 쓸 수 없다
영원히 이름을 적고 싶지 않지만

그만 보내고 싶다고
엄마는 말하는 구나

캄캄하고
추운 곳에서
얼마나 무섭니
누가 너를
구해줄 것 같지 않구나

그렇게 엄마는
절망하고 있구나

손가락이 골절된
네 친구의 주검을
보았다
그건 무슨 흔적이었을까
너도 같은 상처가 있겠구나

간절히 기다리고 있을 텐데
아무도 너를 꺼내지 못했다

미안하다

기다리고 기다릴 텐데
선생님을 기다리고
대한민국 군인과
경찰을 기다리고
나를 기다릴 텐데

나는 그저 바다만 보고 있었다
하늘에서 터진
그 많은 조명탄은
무엇을 밝혔던 것일까

미안하다

네 마지막 전화를 받지 못했다

–하상만, 「백지위패」 전문

또한 시인의 문장은 세월호에 갇혀 아직 인양되지 못한 아버지의 문장이 되기도 한다. 슬픔의 목소리가 시인의 입에서, 아직 수습되지 못한 죽은 아이의 아버지 입으로 옮겨가고 있다. 슬픔의 선체를 끌어올려 저 위패에 죽은 아이의 이름이라도 꾹꾹 눌러 쓸 수 있기를 바라지만, 여전히 이름 없이 '백지위패'로 남은 안타까움이 절절하게 전해진다.

희생자의 아버지가 되어 보는 것, 시인이 전하려는 것은 저 세월호의 사건이 우리 가족의 죽음으로 인식하는 동일한 아픔을 함께 하는 것, 함께 이 아픔의 실체에게 손을 내밀어 동일한 문제의식을 느끼는 것이기도 할 터이다. '저 위패에' '영원히 이름을 적고 싶지 않지만' '저 위패에' 너의 이름을 쓸 수 있도록 '너는 (시신일지라도) 모습을 드러내야만 하고' 그러한 불가피한 사실 앞에서 여전히 '아무도 너를 꺼내지 못했다'는 자학적 한탄이 좌절감을 더하고 있는 것이다. '미안하다'는 심정 고백은 하여 어떠한 백 마디 말보다 더 깊이 아려온다. 아무도 너를 꺼내지 못했고, 네 마지막 전화를 받지 못한, 한탄과 절규는 '우리'의 가슴을 내리친다.

실상 죽음보다 더 슬픈 죽음은 시신이 없는 죽음이다. 위의 시는 세월호에 잃어버린 자식을 둔 아버지의 자조 섞인 넋두리, 보내지 못하는 편지지만, 시신을 수습하지 못한 슬픔 이상의 슬픔이 낱낱이 새겨져 있다.

위로가 될까. 아픔을 담아, 눈물을 엮어, 백지위패에 실종자 9명을 이름을 덧대어본다. 단원고 2학년 1반 조은화, 2학년 2반 허다윤, 2학년 6반 남현철, 박영인, 그리고 단원고 고창석 선생님, 양승진 선생님, 승객 권재근, 권혁규, 이영숙 씨…. 세상의 모든 슬픈 아버지를 위해서라도 부디 간절하게 무사히 그들이 수습되기를…. 슬픔이 하염없이 전이되고 있다. 세월호에 묻은 얼굴들 위에 눈물이 뚝, 떨어진다.

다윤이의 손가락 반 마디라도
금이 간 쇄골만이라도
수습해야겠습니다

그녀가 남편 멱살을 쥐고
실성한 사람처럼 울부짖습니다

바닷속으로 들어가자구
이게 사는 거야?

—김선향, 「박은미 씨」 중에서

박은미 씨는 실종자 다윤이의 엄마이기도 하고 죽어간 모든 세월호 아이들의 어머니의 다른 이름이기도 하다. '손가락 반 마디라도 금이 간 쇄골만이라도' 만나고 싶은 어미의 심정은 '바닷속으로 들어가' 기를 자청하는 절절한 고통 속에 있다. '그녀가 남편의 멱살을 쥐' 고 '실성한 사람' 이 되어가는 것은 산 자와 죽은 자의 경계가 허물어진 이 세상에서, 온통 망자亡者뿐인 산 자의 정의正義가 죽은 이 세상에서, 온전히 살아 있는 자는 대한민국에서는 아무도 없음을 대신하는 안타까운 몸부림인 것이다.

초경의 꽃다발

모가지째 졌다

피지 못해 더 붉었다

비린내가 났다

노란 리본도 죄스러웠다

처박힌 고개가 뻘 속으로 기울었다

—이정원, 「참척」 중에서

참척지변. 꽃다운 아이들이 부모보다 먼저 죽는 '참척慘慽'의 변고는 '참혹한 슬픔' 이상의 재난이다. 초경의 어린 아이들의 생목숨이 저 바다 속에 떠돈다. '피지 못해 더 붉'은 아이들의 목숨이 '꽃다발'로 '뭉텅이'로 바다 속에, 여전히, 갇혀 있다. '노란 리본'은 그리움이다. 사죄이다. 죄스러워 울먹이는 우리들의 노란 눈동자이다.

세월호 인양은 요원한 일인가. 세월호는 '뻘 속으로 기울'어 하염없이 바다 깊숙이 곤두박질친다.

(생략)
사월 십육일 이전의 대한민국과
사월 십육일 이후의 대한민국은 같은 나라입니다
그러나, 사월 십육일 이전의 국민과
사월 십육일 이후의 국민은 다른 국민입니다

이제 가만히 있지 않겠습니다
언제나 시키는 대로 얌전하도록 수시로 맞아온 자본과 권력의 달콤한 백신 주사를 이제 거부하겠습니다

(중략)

이제 울지 맙시다
음습한 권력과 자본의 그늘에 가려진 불감과 적폐의 캄캄함 터널을 빠져 나갑시다
각자, 눈에 불을 켭시다
각자, 청맹과니 눈을 떠, 각자, 일만 촉광에 빛나는 의식의 불을 켜고 이 나라 어두운 구석구석을 샅샅이 살핍시다
하여, 생명의 안전과 이윤을 먼저 고려하여 인간에 대한 존엄과 자존

을 겁박하는 장사치와,
그들과 담합하여 부정과 부패로 얼룩진 관료사회와,
그들 곁에서 사실을 의견처럼 날조하는 어용 언론들의 거짓선동을 낱낱이 밝혀내 단죄합시다

그리고 그동안 소외되고 버림받아 지쳐 쓰러진 노숙의 진실들을 일으켜 세웁시다
그 어두웠던 진실의 맨얼굴을 찬물에 말갛게 씻겨 사람이 우선인 나라의 누리를 밝히는
등불로 씁시다 그리하여 오늘, 긴 울음 끝에
비로소 유월 숲속 깊은 샘물처럼 형형해진 우리들 눈빛들이
저 아우성 끝에 지쳐 누운 저 절망의 사원을 밝히고 나아가 먼 먼 사람의 미래를 비추는 눈빛들이 됩시다

–이덕규, 「사원을 밝히는 눈빛들」 중에서

세월호는 반드시 인양되어야 한다. 시인의 다짐은 그만의 것은 아니다. 우리를 대변하여 대한민국 국민을 대신하여 밝히는 '경고'여야 한다. '선언'이어야 한다. 위의 시인의 말처럼 '사월 십육일 이전의 대한민국과 사월 십육일 이후의 대한민국'이 결코 같을 수는 없다. '가만히 있지 않'아야 한다. '얌전'히 '시키는 대로' '백신주사'를 맞지는 않겠다고 다짐해야 한다. 그래야만 304명의 죽음이 헛되지 않는 것이다. 4월의 비극이 비극으로 종결되지 않는 것이다. 그 비극의 인양을 위하여 우리는 4월 16일 이후의 '다른 국민'이 되어야 한다. 시인들은 그 '다른 국민' 가운데 하나이며, 맨 앞에 선 '국민'이어야 한다.

이제 울지 않아야 한다. '각자 눈에 불을 켜고' '적폐의 캄캄한 터

널'을 빠져나가야 한다. '노숙의 진실'을 일으켜 세워야 한다. '어두웠던 진실의 맨얼굴을 찬물에 말갛게 씻겨' '긴 울음' 끝에 '저 아우성' 끝에, 쓰러진 '절망의 사원을 밝히고 나아가' 밝은 '눈빛'들이 되어야 한다.

잊어서는 안 될 기억을 두텁게 재생시켜야 한다. 비극은 그때에야 비로소 극복될 것이다. 4월의 비극, 그 비극의 인양은 곧 이루어질 것이라는 믿음을 포기하지 않는다면….

제3부

산문

마지막 테우리

현 기 영

사태 때 그는 소백정 노릇을 한 사람이다. 토벌군들이 목장의 마소들을 그냥 놔두면 '폭도의 똥'이 된다고 보이는 대로 사살해서 고기를 가져가는 판국인데 그대로 두고만 볼 수는 없는 일이었다. 게다가 중산간 마을들이 불탈 때 간신히 살아남은 사람들이 산야로 쫓겨와 먹을 것 없이 굶주리고 있는 형편이었다. 그래서 각 마을 테우리들이 소사냥에 동원되었다. 토벌꾼과 맞싸울 변변한 무기도 없이 추운 겨울의 산야에서 굶어 죽지 않고 얼어 죽지 않고 버티는 것만이 유일한 투쟁이었던 당시 상황에서 테우리의 활동은 그래서 매우 중요한 것이었다. 그러나 소 돌보는 테우리가 소 잡는 백정으로 돌변했으니, 그 무슨 변괴이던가. 그렇게 양순하게 따르던 소들이 이제는 보기만 하면 달아났고, 달아나다가 가시덤불에 들어 길이 막히면 휙 돌아서서 뿔을 겨누고 무섭게 달려들곤 했다. 달아나는 건 올가미 던져 걸리고 덤벼드는 것도 날래게 옆으로 비켜서면서 뿔이든 꼬리든 손에 잡히기만 하면 발을 걸어 쓰러뜨렸다. 테우리들은 대개 한라산에 야우野牛를 키운 적이 있어 그런 일에 능했다.

그러나 소사냥에는 늘 위험이 따랐다. 소 있는 곳에는 소를 겨냥한 총구도 있지만 소를 잡으러 온 테우리를 향한 총구도 있었다. 그 역시 소가죽을 써 위장하고 소떼 있는 데로 접근하다가 진짜 소로 오인되어 사살될 뻔했는데, 총알 맞은 것처럼 쓰러지는 시늉을 했다가 소가죽만 몰래 벗어놓고 풀숲 바닥을 기어 겨우 도망쳐 나온 일이 있었다.

그가 직접 칼 잡고 도살한 소만 해도 스무 마리가 넘었다. 제가 잡은 소의 가죽을 쓰고 다녔고, 동상 걸린 발을 소의 뜨뜻한 내장 속에 녹이기도 했다. 당시에는 아무렇지도 않게 여기던 이런 경험들이 훗날 가슴속에 아픈 가시로 남았다. 제가 죽인 소가죽을 덮어쓰고 다녔는데 왜 '소 죽은 넋'에 안 씌겠는가.

그러나 정작 그를 초원에 머물게 하는 슬픔은 그보다 더 깊은 곳에 원천을 두고 있었다. 생각이 여기에 미치자 노인은 양주먹을 불끈 쥐고 부르르 떨었다. 다시 그 총각의 얼굴이 떠올랐다. 제 혈족처럼 사랑하던 소들을 제 손으로 죽여야 했던 그 모진 세월의 이야기를 들려주었을 때 그 청년의 눈에는 눈물이 그득했었다. 그러나 아직 그에게 못다 한 말이 있었다. 차마 발설할 수 없었던 그 비밀….

유독 날씨가 춥던 어느날, 그는 물 먹으러 올 소들을 기다리며 연못 근처에 숨어 있다가 그만 깜빡 잠이 들어 토벌대에 잡히고 말았다. 눈을 떴을 때는 달아나기에 충분한 거리였는데도 추위에 다리가 마비되어 도무지 움직일 수가 없었던 것이다. 미친 듯이 다리를 주무르고 두드리며 애를 부득부득 쓰던 그때의 공포는 훗날 자주 나타나 꿈자리를 사납게 했다. 그는 붙잡힌 즉시 총 개머리판으로 초주검이 되도록 얻어맞았다. 소고삐밖에 가진 게 없는 이른바 '비무장

폭도'로 잡히긴 했지만 살아날 길은 오직 자기편을 배신하는 것뿐이었다. 가족도 소도 행방불명되어 찾으러 다니는 중이라고, 제발 살려달라고 애원했으나 막무가내로 두들겨 패는 것이었다. 폭도들이 숨어 있는 굴을 가리키라! 네가 있었던 굴은 어디냐? 그가 있었던 굴은 피난민 열댓 명가량이 숨어 있었는데 거의가 노인과 아녀자들이었다. 그가 한 일도 그 굴에서 살면서 지시에 따라 소사냥하는 한편, 그 굴을 보호하는 보초임무를 띠고 있었기 때문에 상부의 아지트가 어디에 있는지 알지 못했다. 그러나 피난민, 노약자라고 해서 사정 봐줄 그들이었던가. 당장 죽을지라도 차마 제 마을 사람들이 들어 있는 그 굴을 가리킬 수는 없었다. 그래서 생각해낸 것이 지난봄에 잃어버린 소를 찾아 빗속을 헤매다가 우연히 발견한 조그만 굴이었다. 그 굴에서 모닥불 피워놓고 젖은 옷을 말렸으니까 타다 남은 나뭇가지, 재 같은 사람이 들었던 흔적이 남아 있을 터였다. 아 그런데 그 무슨 귀신의 장난이던가! 아무도 모르는 굴이라고 생각한 거기에 사람 셋이 들어 있었던 것이다. 손주아이를 끌어안고 제발 이 아이만이라도 살려달라고 애걸하던 두 늙은 내외….

그해 겨울, 눈 덮인 초원의 지하 여기저기에 숨어 있던 용암동굴들, 그 속에 피난민, 입산자 가족들이 과거도 미래도 끊긴 채, 극심한 굶주림에 제 살 깎이는 소리를 들으며 조용히 누워 있었다. 굶주림은 졸음을 동반한 현기증일 뿐 고통은 아니었다. 동굴 천장에 매달려 겨울잠 자는 박쥐들과 함께 의식도 감각도 흐릿해지고 호흡도 맥박도 느려져 오직 잠자는 것만이 먹는 것이던 그들. 이따금 동굴 천장을 울리며 토벌군의 발걸음 소리가 들리기도 했지만 그들은 무서워할 기력도 없었다. 그렇게 몽롱한 현기증 속에서 서서히 죽었던

들 차라리 편안한 죽음이었을 것을. 그러나 무도한 자들은 그러한 죽음조차 허락하지 않았다. 발각된 굴속의 사람들은 밖으로 끌려나와 총살당하기도 하고 굴 안으로 불붙여 넣은 독약 태운 연기에 질식해 죽기도 했다.

사태 후 노인은 차마 오소리 굴에 연기를 넣을 수 없어 오소리 사냥을 포기했고 늦가을의 목장에 돋는 말똥버섯들도 눈물겨워 캘 수 없었다. 말이나 소의 젖물이 땅에 떨어져 생긴다는 그 애틋한 말똥버섯들, 올망졸망 모여 있는 그 버섯가족들을 보면 그가 가리킨 굴속의 그 가족이 생각났던 것이다.

–현기영, 「마지막 테우리」 부분, 『마지막 테우리』, 창비 2006

정약용, 정조 그리고 박근혜

김 준 혁

1794년(정조 18) 가을, 흉년으로 농사를 망쳐 백성들이 고통에 빠져있는데 경기도의 여러 수령들이 백성들을 돌보지 않고 부정부패를 하고 있다는 소문이 도성에 가득했다. 이처럼 어려운 상황이 되자 수령을 신뢰하지 못하는 백성들이 암행어사를 파견하여 탐관오리를 해결해 달라고 조정에 간곡하게 요청하기 시작했다. 그 소식을 들은 정조는 11월 초에 젊은 관리들 15명을 은밀히 불러 모았다. 정조는 청렴결백한 젊은 관리로 평가받고 있는 그들을 경기도 전역에 암행어사로 보내기로 하였다. 정조는 이들에게 "수령의 잘잘못을 규찰하고 백성들의 괴로움을 살피는 것이 어사의 직임이다. 비단옷을 입는 것은 그 은총을 드러내는 것이요, 도끼를 지니는 것은 그 권위를 높이려는 것이다"라며 철저한 조사를 지시하였다.

이 청년 관리들 중에 32살의 정약용도 포함되어 있었다. 정조가 정약용에게 조사하라고 지시한 지역은 경기 북부의 적성, 마전, 연천과 삭녕의 네 고을이었다. 정약용은 이곳에 가서 은밀히 조사를 시작하였다. 조사를 하던 정약용은 너무도 놀라운 사실을 알게 되었다. 전직 삭녕군사 강명길과 전직 연천현감 김양직의 부정부패가 일반 수령들에 비해 극에 달한 것이다. 김양직은 마음대로 환곡을 나누어 주어 높은 이자를 받아 자신이 챙겼고, 강명길은 가난한 백성들이 스스로 개간한 화전火田에 높은 세금을 부과하여 자신이 착복하였다. 강명길은 부평부사로 자리를 옮기고도 그 못된 행위를 그만두지 않고 더욱 심한 비리를 저지르고 있었다. 정약용은 이 두 사람의 죄는 도저히 용서할 수 없으니 유배형에 처해야 한다고 정조에게 상소를 올렸다.

정조는 매우 곤혹스러웠다. 왜냐하면 이 두 사람이 자신이 매우 총애하는 관료들이었기 때문이다. 강명길은 자신의 건강을 책임지는 내의원의 태의太醫였다. 강명길은 정조의 체질을 가장 잘 알기 때문에 치료를 전담하다시피 하였다. 과도한 업무와 스트레스로 몸이 좋지 않았던 정조는 자신의 건강을 지켜준 강명길을 무척 신뢰하였고, 그에 대한 보답으로 수령으로 보내준 것이다. 김양직은 정조의 부친인 사도세자의 묘자리인 수원 현륭원의 터를 잡아준 지관地官이었다. 부친 사도세자에 대한 지극한 효심을 갖고 있던 정조는 김양직이 잡아준 묘자리에 대한 감사의 표시로 연천현감을 제수한 것이다. 의관과 지관이 고을의 수령으로 임명된 것은 조선 역사에서 매우 드문 일이었다. 이만큼 이들은 정조의 신뢰를 받던 사람들이었다. 그런데 그들은 정조의 신뢰를 이용하여 엄청난 비리를 저지르며 백성들에게 피눈물을 흘리게 하였다. 정약용은 "법의 적용은 마땅히 국왕의 가까운 신하로부터 하여야 합니다"라며 정조가 잘못을 저지른 이들을 유배형에 처해야 한다고 강력하게 주장했다. 국왕의 측근이 법을 지키지 않거나 법에 따라 처벌받지 않는다면 다른 관료들에게 법을 지키라고 요구할 수도 없고, 관료들의 불법을 처벌하여 국가의 법질서를 확고히 세울 수도 없기 때문이다.

정조는 자신의 좌우명으로 신하들의 간언諫言을 적극적으로 받아들이는 것으로 삼았다. 정조는 신하와 백성들의 간언을 자신의 부족한 점을 다스리고 천하의 선한 말을 나오게 하는 방법이라고 생각하였다. 즉 『상서商書』에 '나무는 먹줄을 따르면 곧아지고 임금은 간언을 따르면 성스러워진다'는 말을 실천하기 위해 간언을 적극적으로 받아들였다. 정조가 정약용의 간언을 받아들여 사적 감정을 배제하고 이들을 유배형에 처했다.

이처럼 국왕 정조가 실수한 일에 대해 적극적 간언을 하여 인사제도의 투명성을 만들게 한 다산 정약용에게 18이란 특별한 숫자가 따라다닌다. 국왕 정조와 함께 조선의 개혁을 위해 노력했던 시간이 18년이었고, 정조의 죽음 이후 유배를 갔던 시간이 18년이었다. 그리고 유배지 강진에서 풀려나 고향으로 돌아와 살다가 죽을 때까지의 시간이 18년이었다. 그래서 다산에게 18이란 숫자는 특별한 의미를 지니고 있다.

다산 정약용만큼이나 18이란 숫자가 따라다니는 인물이 바로 박근혜 대통령이다. 박근혜 대통령에게 18이란 숫자는 사실 그녀의 부친인 박정희 전대통령으로부터 시작한다. 박정희 전대통령은 18년 집권하다가 부하인 중앙정보부장 김재규의 총에 맞아 죽었다. 박근혜 대통령은 아버지 박정희 전 대통령이 죽은 이후 18년 동안 야인 생활을 하다가 1998년 처음으로 국회의원이 되었다. 그리고 그녀는 대한민국의 18대 대통령이 되었다. 18이란 숫자가 그녀에게 특별한 의미로 다가온 것이다. 그런데 박근혜 대통령에게 18이란 숫자가 다시 인생에 다가왔다. 국회의원으로 정치를 시작한 지 18년이 되는 2016년인 올해 그녀의 소울메이트로 이야기되는 최순실로 인하여 인생의 최고 위기를 맞이하게 되었다. 그래서 그녀는 지난 금요일 국민들에게 최순실 파동으로 인한 자신의 잘못을 사과하게 되었다. 이러한 여파로 문고리 3인방이라 불리는 그녀의 최측근들인 정호성 등 비서관 3명이 18년 만에 박근혜 대통령을 떠나게 되었다.

그렇다면 다산 정약용의 18과 박근혜 대통령의 18이란 숫자는 같은 의미일까? 동양 유학의 최고 저서라고 평가받는 것이 공자가 마지막에 완성한 『주역周易』이다. 『서삼경四書三經』 중 최고의 경전으로 평가받는 주역은 인간이 어떻게 살아가야 하는지를 알려준다. 주역은 64괘로 구성되어 있어 그 내용마다 의미와 쓰임이 다르다. 64괘중 18번째 괘는 '산풍고山風蠱' 란 괘다. 위에 산이 있고 아래에 바람이 있어 좀이 먹어 썩어들어간다는 것이다. 시간이 흐를수록 반듯해지고 좋아지는 것이 아니라 썩어서 부패하여 망하는 것이다. 그렇다면 왜 이렇게 썩는 것일까? 산(山)은 간방(1시 방향)으로 우리 조선을 말하는 것이고, 풍風은 손방(5시 방향)으로 일본을 말하는 것인데 우리나라 산속에 일본의 바람이 들어 단풍이 떨어지듯 나라를 병들게 한다는 것이다. 박근혜 대통령이 집권한 이후 최순실로 인한 국정 혼란이 있었던 것은 어쩌면 일본의 바람이 가득했기 때문일 수도 있다. 박근혜 정부가 친일을 미화하고 일본과 말도 안되는 위안부 협상을 추진하였으며, 친일의 역사를 가르치지 않게 하는 국정교과서를 만들고, 일본이 평화헌법을 파괴하고 2차 세계대전 이전과 같은 군사 대국화로 발전하는 것을 인정한 것이다. 일본의 바람이 한반도를 뒤덮고 있는 것이다. 그러니 우리 강산과 사회에 온통 좀이 먹고 썩어들어 간 것이다.

주역에는 산풍고이지만 썩어 들어가게 하지 않는 방법을 알려주고 있다. 그것은 군주가 백성을 진작시키고 덕을 기르는 것이라고 하였다. 그러면 썩지 않고 오히려 길할 수 있다고 했다. 다산은 비록 군주는 아니었지만 덕을 기르는 데 힘써서 18이란 숫자의 운명을 백성을 위한 개혁의 숫자로 만들었고, 박근혜 대통령은 덕을 기르지 못해 온 나라를 썩어 들어가게 한 것이다. 그래서 국가 지도자가 덕을 기르고 백성을 귀하게 여기는 것이 그 무엇보다 중요하다. 참으로 부끄러운 시절에 18이란 숫자를 다시 생각해 본다.

한국인의 술과 음주문화

김 학 민

술은 물과 불의 상생의 산물

우리 민족은 고래로부터 물을 물리적 · 지리적 형상이 아니라 정신적 · 정서적 위상으로 받아들여 왔다. 물의 원형성을 곧 세상의 창조력, 영원한 생명력, 풍요의 근원, 청정한 정화력으로 생각하여 왔던 것이다. 그렇기 때문에 우리에게 있어 물은 농경생활의 실용성을 훨씬 뛰어넘어 약수, 정화수처럼 성스러움 그 자체였던 것이다. 또 우리 민족은 예로부터 물처럼 불도 생명력 또는 창조력의 상징으로 여겨 왔으며, 불이 가지고 있는 무서운 파괴력의 연상으로 제사에서의 소지, 향불, 정월대보름의 쥐불놀이처럼 흔히 사악한 것을 물리치는 청정의 힘, 정화의 힘으로 받아들였다.

흔히 물과 불을 상극관계로 생각하지만, 물과 불의 원형성은 동일하므로 오히려 상생관계라고 하는 것이 옳다. 다석 유영모 선생도 "물을 부리는 것이 불이다. 불을 다스리는 것이 물이다. 물과 불은 서로 작용한다. 우리는 물, 불 없이는 살 수 없다. 또 우리 마음속에 평화를 일으키려면 푸른 것이 있어야 한다. 여기에서 물, 불, 풀이

깊은 연관이 있는 것을 알 수 있다"고 말씀하였다.

우리 민족이 본 술은 물과 불의 상생적 결합이다. 물과 불은 서로 밀어내고 서로 이기는 것처럼 보이지만, 서로 조화하고 보완하는 신비가 있다. 물과 불의 조화는 푸른 열매인 벼禾로 변화한다. 그리고 벼는 술을 만든다. 그러므로 평화平和는 벼[禾], 곧 밥과 술을 먹는 것[口]을 고르게[平] 하는 것이다. 곧 물과 불의 조화로 만들어진 밥과 술을 나누어 먹는 것이 평화다. 이러한 우리 민족의 세계관, 벼농사 중심의 농경·생태환경 때문에 우리 민족의 전통주는 거의 대부분 쌀을 원료로 하여 빚는다.

술은 제사 음식의 정점

공동체의 안녕과 단결을 위한 동제나 조상에게 지내는 제사지냄을 풀어 말할 때 '주포酒脯를 진설하고 향화香火를 올린다' 고 한다. 포는 술과 향을 뺀, 제사에 올리는 음식 일체를 의미하므로, 술·포·향 중에서도 가장 핵심 되는 것은 술이다. 왜 술일까? 그 옛날 생산력이 미비하여 삼시 끼니 때우기도 쉽지 않은 처지에서는 많은 양의 곡식을 이용해 작은 양의 술을 빚기가 쉽지 않았기 때문에 술은 기본적으로 귀한 것이었고, 귀하기 때문에 한 집단의 지배층이나 힘 있는 어른, 받들어야 할 조상에게 집중될 수밖에 없었다.

그러나 '저 세상의 혼령' 은 현실의 술을 마시지 못하기 때문에 결국 술은 '이 세상 사람들' 의 몫이 된다. 그러나 그 몫은 대개 제사를 주재하는 어른들의 차지가 크지만, 우리 민족은 힘 있는 사람이나 어른들만이 술을 독점하지는 않았다. 벼, 곧 술의 원형이 지니는 평화의 뜻을 기려 참여자 모두가 그 향미를 누리는 기회를 골고루 갖게 하였으니, 곧 이것이 제사 후의 음복이다. 음복은 자연스런 음주문화의 교육과정이기도 했다.

우리 민족의 전통 음주교육은 밥상에서부터 시작된다. 대가족제하에서 끼니때마다 할아버지나 아버지에게 올리던 반주는 어린 아들, 손자에게도 가끔 재미 삼아 조금씩 권하며 밥상머리 음주교육으로 기능한 것이다. 그리고 넓은 범위의 친지들이 모이는 제사에서의 음복은 더 사회화된 음주교육이고, 보다 제도적인 음주교육은 마을 단위의 향음주례이다.

공동체 단위의 향음주례

우리나라에서는 고려 인조시대에 과거제도를 정비하면서 지방에서 관리들을 중앙으로 보낼 때 향음주례를 행하도록 규정했다는 기록이 있고, 조선시대에 들어와 세종이 집현전에 명해 우리 실정에 맞게 향음주례를 상세히 정하게 하여 일반화된 것으로 알려졌다. 향음주례는 이후 이 땅에서 음주예절의 경전과 같은 것으로 여겨졌으며, 무절제한 음주에서 오는 폐해를 예방하고 올바른 음주예절을 갖도록 하는 사회교육 과정으로 정착했다.

향음주례는 향촌의 선비 · 유생들이 향교 · 서원 등에 모여 학덕과 연륜이 높은 이를 주빈으로 모시고 술을 마시며 잔치를 하는, 어진 이를 존중하고 노인을 봉양하는 뜻의 마을 의례이다. 매년 음력 10월에 길일을 택하여 고을의 관아가 주인이 되어, 나이가 많고 덕이 있으며 재주와 행실이 갖추어진 사람을 주빈으로 삼고 그 밖의 유생을 손님으로 하여, 서로 모여 읍양하는 예절을 지키며 주연을 함께 하는 것이 향음주례이다.

오늘날과 같이 변화무쌍하고 복잡다단한 시대에 향음주례의 절차 그대로를 따라가며 음주예절을 배워 술을 마시는 것은 가능하지 않다. 그러나 하늘이 내려준 술과 음식을 함부로 다루지 않고, 질서 있고 예절 있는 분위기 속에서 술 즐기기를 권하는 향음주례의 근본정신은 오늘에도 그 의미를 잃지 않는다. 어떠한 형식이든지 술을 처음 접하는 청소년들에 대한 개인적, 집단적 음주교육은 필요한 것이다.

핵가족이 되어 가족 내의 자연스런 음주교육도 불가능하고, 제사의식도 많이 사라져 음복과정에서의 음주 예절교육도 소멸되어가는 오늘의 현실에서 술에 무방비로 노출된 청소년들에게 어떻게 음주교육을 시킬 수 있을까. 필자는 개인적 연줄을 찾아 10여 년 전부터 수능이 끝난 고3 학생들을 대상으로 음주교육을 해오고 있으나 개인의 힘만으로는 역부족이었다. 청소년기에 잘못된 음주습관으로 나중에 폭음이나 알코올에 중독된다면 개인과 가정의 피폐화는 물론 사회적 비용도 막대할 것이다. 청소년기의 음주교육을 보다 제도화하는 것이 필요하다.

우리 민족 특유의 안주문화

세상이 남자와 여자로 구성되어 있는 것처럼, 다른 한편으로 세상은 술 마시는 사람과 술 마시지 못하는 사람들로 구성되어 있다. 술 마시기를 좋아하는 사람의 눈으로 보면 천지가 술판이요, 모두가 술꾼으로 보이겠지만, 통계에 의하면 인류의 30% 정도는 아예 술을 못 마시거나 다른 여러 가지 이유로 술을 입에 대지 않는다. 이런 사람들은 대개 종교적 신념에서거나 알레르기 등 신체질환, 또는 간에서 알코올을 분해시키는 효소의 활성도가 유전적으로 매우 낮아 술을 '이기지' 못하기 때문에 그런 현상을 보이는 것이다.

하여튼 인류는 동서고금을 막론하고 대부분 술을 즐겨 마셔왔으며, 문명의 발달에 따라 다양한 술의 제조법과 음주방식, 음주예절, 그리고 술과 관련된 숱한 도구들을 발전시켜왔다. 그런데 신기한 것은 민족, 또는 동서양에 따라 술을 받아들이는 사람들의 태도가 각기 다르다는 것인데, 하나는 술을 음식으로 대하는 부류이고, 다른 하나는 술을 술 자체로, 곧 기호품으로 여기는 인간들이다.

우리 민족은 술을 음식으로 받아들였다. 우리에게 있어 술이란 항시 식사를 할 때 반주로 마시거나, 술만을 따로 마실 때도 안주(按酒: 풀이하면 술을 '어루만지는' 음식)를 꼭 곁들여야 했다. 술을 음식으로 받아들이면, 술 자체를 많이 마실 수도 없을 뿐 아니라, 안주가 알코올의 흡수를 완화시키기 때문에 알코올로 인한 피해가 별로 없다. 대개 곡식을 원료로 한 동양의 발효주 문화권, 유럽 지중해 연안의 와인 문화권 등은 술을 음식으로 보아 식사와 술을 함께 하거나 술만 마시더라도 안주가 풍성하게 뒤따른다. 그러나 위스키가 주종인 영미권이나 보드카를 즐겨 마시는 북구, 러시아, 동구 사람들은 아예 안주를 먹지 않거나 있더라도 빈약하다.

우리 민족의 전통주

우리 민족이 술 마시고 춤추는 것을 좋아하였다는 것은 옛날부터 수 천리 떨어진 중국에서도 익히 알고 있었으니, 미루어 짐작컨대 술 또한 그 종류가 많았을 것이다. 삼국시대에 이미 고구려의 곡하주와 신랑의 신라주가 중국에까지 널리 알려졌고, 고려시대 문헌에는 포도주, 도소주, 계향어주, 유주 등 특수주 이야기가 나온다. 오늘날 서민들이 즐겨 마시는 소주도 증류법과 함께 고려시대에 원나라를 통해 이 땅에 처음으로 소개되었다.

조선시대는 술이 더욱 발전하였다. 술은 유교가 중요시하는 제례의 중요한 요소였기 때문에 다양하게, 또 소중하게 여겨졌다. 또 음풍농월을 즐기는 조선시대의 선비문화도 술을 널리 보급하는데 큰 역할을 했다. 고려시대까지만 해도 일부 문헌에 몇몇 술 이름이 등장하는 정도였지만, 조선 후기에 나온 조리서들에는 200여 종의 술이 그 양조법까지 자세하게 소개되어 있다. 서유구가 지은 조선 후기의 백과사전격인 『임원경제지』에는 조선시대의 술을 상용약주, 특수약주, 속성주류, 탁주, 홍주 및 백주, 감주, 이양주, 가향주류, 과실주, 소주, 혼양주, 약용소주, 약용약주로 분류하고 있다.

우리 민족은 사계절에 따라, 또는 1년 열두 달의 세시에 맞춰 마시는 술을 달리하거나, 그 시절에 나오는 약초나 꽃을 넣어 술을 빚어 마셨다. 1월에는 세주, 귀밝이술, 2월에는 노비주, 3월에는 봄놀이술, 청명주, 4월에는 등석주, 5월에는 농주, 청포주, 6월에는 유두주, 7월에는 백중주, 호미씻이술, 8월에는 한가위동동주, 9월에는 국화주, 10월에는 시제주, 12월에는 납일주, 제석주를 마신 것이다.

그러나 조선시대 방방곡곡에서 빚어지던 우리의 전통주는 일제의 침략과 함께 대부분 사라지고 말았다. 1904년 대한제국의 재정고문이었던 일본인이 일본의 사례를 따라 주세법을 구상하고, 1909년에 그 법이 반포됨으로써 판매용, 가용家用 가리지 않고 양조 면허제가 도입되고, 1910년 한일병합 이후 일제는 종래의 주세법을 주세령으로 고쳐, 가용 술에는 고율의 세금을 매겨 억제하고, 양조업자에 의

한 화학주의 대량생산만 가능토록 정책을 펴 나가 소규모 가양의 우리 전통주를 멸절시킨 것이다.

그리고 해방 후에도 이승만 정권은 국가적으로 특별한 세원이 없는 상황에서 주세에만 눈독을 들여 가정에서의 전통주 제조를 엄금했다. 자유당 치하에서 밀주 단속으로 민중들이 겪은 고통은 엄청났다. 세계 어느 나라든 그 민족의 술은 그 민족의 문화적 전통을 반영하고 있는데, 우리는 문화말살을 자행했던 일제로부터 해방이 되고서도 세금을 위해 우리의 문화전통을 말살해온 꼴이었다.

최남선은 『조선상식문답』에서 평양의 감홍로, 전주의 이강고, 전라도의 죽력고를 우리나라의 3대 명주로 꼽고 있다. 그런데 그 다양했던 우리 전통 술들은 모두 어디로 사라졌을까? 우리 전통주들이 '민속주' 라는 명칭으로 술을 다시 제조할 수 있게 된 것은 1990년대부터였다. 그 동안 간신히 명맥을 이어오고 있던 서울의 문배주, 경주 법주, 안동 소주, 전주 이강주, 김천 과하주, 면천 두견주, 문경 호산춘, 한산 소곡주, 김제 송순주, 남양주 계명주, 용인 부의주 등이 그때 상업적으로 선보였다.

그러나 우리 전통주들이 사라져 있는 동안에도 민중의 술로서 막걸리는 수 천 년 간 끈질기게 명맥을 이어져 오고 있었다. 요즘에는 우리뿐 아니라 세계인들도 막걸리에 큰 관심을 보인다. 저알코올의 막걸리가 갖는 원초적 순수성이 웰빙 흐름과 맞아떨어진 결과일 것이다. 우리 민족이 즐겨 마시던 막걸리가 우리 강역을 넘어 세계인들까지 즐기게 된 것은 반가운 일이지만, 문화의 다양성이라는 면에서 멸절된 다른 전통주들의 복원, 중흥이 급하다.

문화에 대한 네 개의 테마*

조 성 면

1. 문제는 다시 청년문화다

청년은 언제나 역사와 문화의 주역이었다. 그는 근대화의 담지자였고, 민족이 나가야 할 새로운 가치와 목표를 제시하는 선구자였다. 그는 '개화사상'의 전도사였으며, 자유 · 인권 · 민주주의 등 근대적 가치의 전파자이기도 했다. 모던 보이 오빠들과 나혜석 같은 신여성들이 바로 그들이다.

20세기 역사와 문화의 흐름을 바꾼 '68운동'의 진원지도 청년이었다. 68운동, 이른바 5월 혁명도 시작은 매우 사소했다. 남학생의 여학생 기숙사 방문과 기숙사 남녀 왕래를 금지하는 낡은 구습에 항의하던 낭테르대학 학생들의 시위가 프랑스와 세계 전역으로 요원의 불길처럼 퍼져나갔던 것이다. 이를 통해 낡은 정치문화와 여성에 대한 왜곡된 인식 그리고 각종의 차별적 사회제도가 바뀌는 계기가 됐다. 전쟁에 반대하는 반전운동도 여기에서 비롯됐다.

한국의 청년과 청년문화도 만만치 않았다. 개화와 애국계몽운동을 주도한 모던 보이들과 신여성들, 한국 정치사의 흐름을 바꾼 4 ·

19, 청바지를 입고 생맥주를 마시고 통기타를 치며 민주화운동에 나섰던 7080세대들, 90년대 한국대중문화를 주도한 신세대들에 이르기까지 청년은 정치적 저항운동과 '촛불 소녀들'은 새로운 문화적 가능성을 열어 보인 희망의 아이콘이었다.

그런데 요즘은 '그 청년들'이 없다. '나노베'와 '롤 게임'에 빠져 지내는 '덕후'들과 노량진 고시원의 불을 밝히는 '공시생'은 있어도 문화의 창조와 변화를 주도할 문화적 실천과 의미의 생산자들이 눈에 띠지 않는다. 극심한 청년실업과 비정규직을 양산하는 엄혹한 상황에서 임시직 알바로 버티면서 반지하방과 고시원, 옥탑방을 전전하는 청년들의 신산한 삶을 그린 김애란의 단편소설들은 그래서 더 실감나게 아프다. 기운 운동장에 적응하는 것도 중요하지만 기울어진 운동장을 바로 세우는 시대의 프로메테우스는 정녕 없단 말인가.

열여덟 살에 계몽잡지 『소년』을 창간한 최남선, 청년문학의 표상으로 자리 잡은 윤동주, 고등학교 재학 중에 등단하여 세상을 놀라게 한 황석영과 최인호, 놀라운 문장력과 감수성의 혁명을 일으킨 김승옥, 산업화 시대 노동운동의 상징이 된 전태일, 대중음악의 패러다임을 바꾼 '서태지와 아이들'도 청년들이었다. 차별적 지배문화와 이에 저항하는 안티테제로서의 하위문화가 아니라 사회와 문화와 역사를 바꿀 창의적인 젊은 문화가 나와야 한다. 청년문화가 없는 사회는 미래를 기대할 수 없다. 광장의 촛불이 이제는 문화의 횃불로 승화되어야 한다.

2. 문화재단의 소명

우리가 '오빠'라 불렸던 질풍노도의 1980년대는 독서의 시대였다. 『나의 라임 오렌지 나무』, 『자주고름 입에 물고 옥색치마 휘날리며』, 『철학에세이』, 『난장이가 쏘아올린 작은 공』, 『해방전후사의 인식』 등 대학에 입학하자마자 활자에 기갈이 든 사람들처럼 우리들은 읽고 또 읽었다. 영어야 그렇다 쳐도 책을 읽기 위해 팔자에도 없는 일본어까지 공부하며 대학생활 내내 활자의 노예로 살아왔다. 암울했던 시대 앎의 의지와 뜨거운 열망이 책을 집어 들게 했지만, 나중에는 우리가 책을 선택하는 것이 아니라 책이 우리를 선택하는 듯한 착각마저 들었다.

이와 같이 자신이 통제하는 대상에 오히려 자신이 지배되는 역설을 헤겔(G. W. F. Hegel, 1770~1831)은 '주인과 노예의 변증법' 이라고 했다. 주인의 명령에 예속된 노예는 묵묵히 그 명령을 수행한다. 그런데 주인의 명령과 노예의 실행이 계속해서 반복되다보면 주인의 모든 일들은 명령하는 주인이 아닌 일하는 노예의 손으로 들어가게 된다. 일을 성사시키는 것은 권력을 가진 주인이 아니라 주인의 명령을 대행하고 실행하는 노예임이 뚜렷해진다. 주인과 노예, 갑과 을 사이에 존재하는 힘의 역학관계는 기어코 역전되고 만다. 이것이 헤겔이 말하는 '주인과 노예의 변증법' 의 골자다. 권력의 암투를 박진감 나게 그린 셰익스피어(W. Shakespeare, 1564~1616)의 정치드라마들(예를 들면 4대 비극)과 우리가 즐겨보는 〈웨스트 윙〉이나 〈하우스 오브 카드〉 같은 '미드' 나 TV 대하사극은 예기치 못한 권력의 역전 현상을 잘 보여준다. 세상에 영원한 갑을 관계란 없으며, 비록 드라마가 만들어내는 상상의 세계일망정 몰락하는 갑의 비극을 목격하게 된다.

문화에는 갑을이 있지 않다. 또 경직된 수직관계에서 창의적인 문화를 기대하기는 어렵다. 문화판의 기본 상식, 힘닿는 데까지 도와주되 간여하지 않는 암스 랭스(arm's length) 원칙의 '쿨'한 준수가 참으로 종요롭다.

'학이불사즉망 학이불학즉태學而不思則罔 思而不學則殆' 곧 '배우기만 하고 생각하지 않으면 사리에 어둡고, 생각만 하고 배우지 않으면 위태롭다'는 『논어』의 준엄한 경구를 마음에 되새기며, 참된 문화 세기의 도래를 고대한다.

3. 사람 중심의 문화도시를 꿈꾸자

'시인과 농부를 겸할 수 있다면 얼마나 좋을까.'

청록파 시인 박두진(1916~1998)의 수필의 한 대목이다. 공감이 간다. 그러나 우리는 안다. 이것은 그저 시인의 잠언이며, 로망일 뿐임을! 그래도 왠지 이 문장을 포기하거나 양보하고 싶지는 않다. 너나 할 것 없이 틀에 박힌 일상과 오욕의 진제塵世를 떠나 빵과 예술이 조화를 이루는 인간다운 삶을 꿈꾸기 때문이다.

새가 좌우의 날개로 날듯 우리는 밥과 문화로 산다. 밥이 생명이라면, 문화는 삶이다. 시인과 농부를 겸할 수 없는 우리의 현실적 선택은 삶과 로망 사이에 문화라는 가교를 놓고 그 간격을 좁혀가는 것이다. 그럼에도 문화는 그 어떠한 정의에도 쉽게 마음을 허락하지 않는 불친절한 존재다. 200여개가 넘는 문화에 대한 다양한 정의들이 그 증거다.

여기, 완벽하지는 않으나 작은 해답이 있다. 문화는 가진 사람들만의 전유물이며 특별한 것이 아니라 '일상적(everyday life)'이어야 하며, 그것은 '삶의 전체적인 양식(the whole way of life)'이라는 레이먼드 윌리엄스(1921~1988)의 선언이다.

그런데 문화를 둘러싼 온갖 논의들이 난무하는 것을 지켜보노라면, 지금이 문화의 시대인지 문화담론의 시대인지 헛갈린다. 문학론과 비평이 문학 자체라기보다 문학에 대한 문학인 것처럼 사과에 대한 무성한 논의보다는 직접 사과를 깎아 먹어보는 것이 더 중요할지도 모르겠다는 생각이 든다. 문제적 장편소설 『적과 흑』을 남긴 스탕달(1783~1842)은 '문학 속의 정치란 음악회 도중에 울리는 총소리'와 같다며 심한 정치성에의 주박과 이론의 도그마를 경계한 바 있다. 그의 말대로 담론의 백가쟁명은, 때로 음악회의 흐름을 깨뜨리는 이질적인 소음이 된다. 그러나 문화 없는 문화담론은 공허하며, 담론 없는 문화는 갈피를 잃고 진공 속을 표류할 수 있기에 때로는 우리의 뇌수를 일깨울 총소리는 필요하다.

온갖 문화담론이 횡횡하는 요즘 우리가 준비한 의제는 수원의 문화적 현재와 문화생태계를 짚어보는 것—바로 문화담론의 길이다. 비록 우리의 논의가 시인과 농부의 삶이 오롯하게 조화를 이루며 밥과 예술과 문화가 균형을 이루는 삶의 위엄과 총체성을 회복하는 데 기여하지 못한다 할지라도 문화의 중요성을 환기하며, 사람 중심의 문화도시 건설을 위한 상두소리가 되길 고대한다. 바야흐로 문화가 화두인 시대다.

4. 생활문화담론과 삶의 총체성

문화생태계와 생활문화는 요즘 문화계의 핫이슈다. 생태계라는 말은 그 친환경적 언표와 달리 사실 위기의 담론이다. 급속한 난개발과 화석연료로 인한 기후변화와 뭇 생명들이 겪고 있는 위협에 대한 반성을 담은 위기의 담론이기 때문이다. 문화에 생태계라는 말이 붙었다는 것은 이 용어의 지향과 맥락을 잘 보여준다.

문화생태계는 보편적 문화향수 권리에 더해 문화기본법 및 지역문화진흥법이 제정, 발효됨으로써 갑자기 문화계의 핵심의제로 떠올랐다. 정부기관의 유관부서와 각 광역·기초문화재단을 중심으로 광범한 실태조사와 함께 문화행정가들은 현재 대책과 정책 마련에 부심하고 있다.

그런데 문제는 문화를 문화만으로 풀 수 없다는 게 문제다. 맹자孟子의 항산항심론恒産恒心論이 말하듯 문화의 향수는 소득불균형 문제, 살인적 업무시간으로 인해 수면시간조차 부족한 시간적 약자인 직장인과 근로소득자들, 입시지옥에서 학원으로 내몰린 채 스마트폰과 '포켓몬 고' 같은 게임에 열중하는 청소년들 그리고 인생 이모작을 꿈꾸는 노년층의 문제와 연동돼 있다. 문화기본권의 대전제는 안정된 소득과 여가시간, 적절한 문화정책과 다양한 프로그램이다. 그러므로 문화생태계의 복원과 활성화는 정치적 리더십의 교체와 상관없이 중·단기적으로 끝낼 문제가 아니라 장기 지속적 과제로 추진되어야 할 사안이라는 점을 이해할 필요가 있다.

문화연구 및 비평의 패러다임을 정초한 레이먼드 윌리엄스(Raymond Williams)가 말한 문화는 일상적(ordinary)이며 문화는 삶의 전체적 양상(the whole way of life)이라는 두 명제는 생활문화 활성화와 문화생태계의 복원을 위한 사유의 출발점이 된다. 문화는 특정한 계층과 집단에 국한된 특권화한 것이 아니라 누구에게나 열려 있어야 하며, 존재론적 조건상 우리 모두의 것이다. 문명이 자연에 대한 인간임의 표현이라면 문화는 인간의 인간임의 표현이라는 말처럼 문화와 예술이 뒷받침되어야 인간다운 온전한 삶 즉 삶의 총체성을 이룰 수 있기 때문이다. 삶의 건강과 보람을 위해 언제나 어디에서나 문화가 있어야 하며, 다양한 문화가 함께 일상생활 속에 공존해야 한다.

그러나 문화라는 이름의 민폐—즉 소설가 황석영의 표현을 빌리면 시민들이 '조용한 보통의 날들'을 누릴 권한을 침해하지 않아야 한다. 헌법에 보장된 종교의 자유가 종교 선택의 자유가 아니라 종교를 갖지 않을 권리까지 포함되는 것처럼 문화를 향유하지 않을 개인의 권리도 고려돼야 할 것이기 때문이다. 그러므로 문화는 어렵고 '기나 긴(long)' 도정이며, 장구한 프로젝트일 수밖에 없다.

*「문화에 대한 네 개의 테마」는 수원문화재단이 발행하는 문화예술잡지 계간 『인인화락』 2015년~2016년 사이 문화를 주제로 발표한 '편집자의 말' 네 편을 취합, 수정하여 재수록한 글입니다.

■부록 - 약력

고　은 : 시인 생활 50여 년. 시집 여럿. 한국민족예술인총연합 초대 의장.

현기영 : 1975년 동아일보 신춘문예 등단. 전 한국작가회의 이사장. 작품집 『순이 삼촌』, 『변방에 우짖는 새』, 『지상에 숟가락 하나』 외.

강정숙 : 2002년 중앙일보 신인문학상 시조부문 수상. 시집 『환한 봄날의 장례식』, 시조집 『천개의 귀』

권오영 : 2008년 『시와반시』로 등단. 시집 『너무 빠른 질문』

권혁재 : 2004년 서울신문 신춘문예 등단. 시집 『투명인간』, 『고흐의 사람들』 외.

권현형 : 1995년 『시와시학』으로 등단. 시집 『중독성 슬픔』, 『포옹의 방식』

금은돌 : 2013년 『현대시학』으로 등단. 연구서 『거울 밖으로 나온 기형도』

김대술 : 성공회 사제. 2011년 『시와 문화』로 등단. 시집 『바다의 푸른 눈동자』

김선향 : 2005년 『실천문학』 신인상으로 등단. 시집 『여자의 정면』

김영주 : 2009년 『유심』으로 등단. 시집 『미안하다, 달』, 『오리야 날아라』

김왕노 : 1992년 매일신문 신춘문예로 등단. 시집 『말달리자 아버지』, 『그리운 파란만장』, 『아직도 그리움을 하십니까』 외.

김준혁 : 한신대학교 정조교양대학 교수. 저서 『이산 정조 꿈의 도시 화성을 세우다』, 『정조, 새로운 조선을 디자인하다』 외.

김천영 : 1989년 교사문학 동인지 『그러나 백묵이여』, 2007년 2인 시집 『산책』으로 작품 활동 시작.

김학민 : 칼럼니스트. 저서 『564세대를 위한 변명』, 『맛에 끌리고 사람에 취하다』, 『길을 찾는 책읽기』 외.

김현성 : 가수 겸 작곡가. 세 권의 시집과 『오선지 위를 걷는 시인들』 출간.

맹문재 : 1991년 『문학정신』으로 작품 활동 시작. 시집 『물고기에게 배우다』, 『사과를 내밀다』, 『기룬 어린 양들』 외.

박설희 : 2003년 『실천문학』으로 등단. 시집 『쪽문으로 드나드는 구름』

박완호 : 1991년 『동서문학』으로 등단. 시집 『물의 낯에 지문을 새기다』, 『염소의 허기가 세상을 흔든다』, 『너무 많은 당신』 외.

박해람 : 1998년 『문학사상』으로 등단. 시집 『낡은 침대의 배후가 되어가는 사내』, 『백 리를 기다리는 말』

박홍점 : 2001년 『문학사상』 등단. 시집 『차가운 식사』, 『피스타치오의 표정』

방남수 : 1993년 『문예한국』으로 등단. 시집 『보탕』

서수찬 : 1989년 『노동해방문학』으로 등단. 시집 『시금치 학교』

서정택 : 2006년 농민신문 신춘문예 당선.

서정화 : 2007년 白水정완영 전국시조백일장 장원, 『나래시조』 신인상으로 등단. 시집 『유령그물』, 『나무 무덤』

성향숙 : 2008년 『시와반시』로 등단. 시집 『엄마, 엄마들』

양정자 : 1990년 시집 『아내일기』로 등단. 시집으로 『아이들의 풀잎노래』, 『가장 쓸쓸한 일』, 『내가 읽은 삶』 외.

오춘옥 : 1986년 『심상』으로 등단. 시집 『뒷모습이 말했다』

용환신 : 1985년 자유실천문인협의회 기관지 『민족문학』으로 작품활동 시작. 시집 『우리 다시 시작해 가자』, 『겨울꽃』, 『아직도 노래할 수 없는 서정을 위해』

우대식 : 1999년 『현대시학』 등단. 시집 『단검』 『설산 국경』 외.

우은숙 : 1998년 동아일보 신춘문예 당선. 『물무늬를 읽다』, 『소리가 멈춰서다』

윤한택 : 2000년 〈사람과 땅의 문학〉 동인.

이덕규 : 1998년 『현대시학』 등단. 시집 『다국적 구름공장 안을 엿보다』, 『밥그릇 경전』, 『놈이었습니다』

이선균 : 2010년 『시작』 등단. 시집 『언뜻,』

이은유 : 1996년 『현대시』로 등단. 시집 『이른 아침 사과는 발작을 일으킨다』, 『태양의 애인』

이장곤 : 2000년 『정신과 표현』으로 등단. 시집 『황도를 따라 걷다』

이재웅 : 2001년 『실천문학』으로 등단. 작품집 『럭키의 죽음』, 『불온한 응시』

이정원 : 2002년 〈불교신문〉 신춘문예, 2005년 『시작』 등단. 시집 『내 영혼 21그램』, 『꽃의 복화술』

이진희 : 2006년 계간 『문학수첩』으로 등단. 시집 『실비아 수수께끼』

이향란 : 2002년 시집 『안개詩』로 등단. 시집 『슬픔의 속도』, 『한 켤레의 즐거운 상상』, 『너라는 간극』

이혜민 : 2003년 『문학과비평』으로 등단. 시집 『토마토가 치마끈을 풀었다』

임경묵 : 2006년 『문학사상』 신인상으로 등단.

임덕연 : 『교사문학』에 시를 발표하면서 시작 활동.

임 봄 : 2009년 『애지』로 시 등단. 2013년 『시와사상』 평론 등단.

임희구 : 2003년 전태일문학상 수상. 시집 『걸레와 찬밥』, 『소주 한 병이 공짜』

장주식 : 장편동화 『그리운 매화 향기』, 『토끼청설모까치』, 『소년소녀 무중력 비행중』

전해수 1968년생. 문학평론가. 2005년『문학선』에 평론 당선. 평론집으로 『목어와 낙타』가 있음.

정수자 : 1984년 세종숭모제전 전국시조백일장 장원 등단. 시집 『허공 우물』, 『저녁의 뒷모습』, 『비의 후문』 외.

정용국 : 2001년 『시조세계』로 등단. 시집 『명왕성은 있다』, 『난 네가 참 좋다』

조동범 : 2002년 『문학동네』 등단. 시집 『심야 배스킨라빈스 살인사건』, 『카니발』

조성면 : 문학평론가. 평론집 『경계를 넘고 간극을 메우며』 외.

차옥혜 : 1984년 『한국문학』 신인상으로 등단. 시집 『깊고 먼 그 이름』, 『비로 오는 그 사람』, 『발 아래 있는 하늘』 외.

최기순 : 2001년 『실천문학』 등단. 시집 『음표들의 집』

최재영 : 2005년 한라일보, 강원일보 신춘문예로 등단. 시집 『루파나레라』

하상만 : 2005년 『문학사상』으로 등단. 시집 『간장』

한구연 : 농민. 시집 『며느리밑씻개』, 『개불알풀꽃』

한우진 : 2005년 『시인세계』로 등단. 시집 『까마귀의 껍질』

홍순영 : 2011년 『시인시각』 등단. 시집 『우산을 새라고 불러보는 정류장의 오후』

홍일선 : 1980년 『창작과비평』으로 등단. 시집 『농토의 역사』, 『한알의 종자가 조국을 바꾸리라』, 『흙의 경전』 외.

저 들판 너머 흰 강 흐르고

찍은날 2016년 12월 10일
펴낸날 2016년 12월 15일
엮은이 경기민예총 문학위원회
펴낸이 박몽구
펴낸곳 도서출판 시와문화
주 소 (13955) 경기 안양시 동안구 경수대로 883번길 33,
103동 204호(비산동, 꿈에그린아파트)
전 화 (031)452-4992, 010-5281-7930
E-mail poetpak@naver.com
등록번호 제2007-000005호 (2007년 2월 13일)

ISBN 978-89-94833-26-2(03810)

정 가 10,000원

*이 작품집은 경기도의 지원을 받아 제작되었습니다.